22 janv. 1868

CATALOGUE

DES

LIVRES RARES ET PRÉCIEUX

FORMANT LA

BIBLIOTHÈQUE POÉTIQUE

DE FEU

M. ÉDOUARD TURQUETY

Chevalier de la Légion d'honneur, membre de plusieurs Académies et Sociétés savantes,

Composée de

POÈTES FRANÇAIS

Principalement des XVe, XVIe et XVIIe siècles,

En partie

Reliés par BAUZONNET, CAPÉ, DURU, SIMIER, LORTIC, etc..., etc...

Dont la VENTE AUX ENCHÈRES PUBLIQUES aura lieu

Le Mercredi 22 Janvier 1868 et les 3 jours suivants

A SEPT HEURES DU SOIR

RUE DES BONS-ENFANTS, 28

Maison Silvestre

(Salle n° 3, le premier jour, et salle n° 2, les autres vacations)

Par le ministère de **Me J. BOULLAND**, commisseur-priseur
rue de Richelieu, 79

PARIS

L. POTIER, LIBRAIRE
9, QUAI MALAQUAIS.

A. CLAUDIN, LIBRAIRE
3, RUE GUÉNÉGAUD.

1868

Sous presse :

CATALOGUE DES LIVRES RARES ET CURIEUX

ET DES MANUSCRITS

Composant la Bibliothèque de M. Victor LUZARCHE

DE TOURS.

Un fort volume in-8 comprenant 5,000 numéros.

Pour recevoir ce Catalogue, il est nécessaire de se faire inscrire à la librairie A. CLAUDIN, 3, rue Guénégaud, et de payer 1 fr. 20 c. pour le port. — Une fois le Catalogue paru, le prix en sera fixé à 5 francs.

Paris. — Imprimé chez Jules Bonaventure, 55, quai des Grands-Augustins.

CATALOGUE

DES

LIVRES RARES ET PRÉCIEUX

FORMANT LA

BIBLIOTHÈQUE POÉTIQUE

DE FEU

M. ÉDOUARD TURQUETY

Chevalier de la Légion d'honneur, membre de plusieurs Académies et Sociétés savantes,

Composée de

POÈTES FRANÇAIS

Principalement des XVe, XVIe et XVIIe siècles,

En partie

Reliés par BAUZONNET, CAPÉ, DURU, SIMIER, LORTIC, etc..., etc...

Dont la VENTE AUX ENCHÈRES PUBLIQUES aura lieu

Le Mercredi 22 Janvier 1868 et les 3 jours suivants

A SEPT HEURES DU SOIR

RUE DES BONS-ENFANTS, 28

Maison Silvestre

(Salle n° 3, le premier jour, et salle n° 2, les autres vacations)

Par le ministère de Mr J. BOULLAND, commisseur-priseur
rue de Richelieu, 79

PARIS

L. POTIER, LIBRAIRE
9, QUAI MALAQUAIS.

A. CLAUDIN, LIBRAIRE
3, RUE GUÉNÉGAUD.

1868

EDOUARD TURQUETY

POÈTE ET BIBLIOPHILE (1)

Une âme noble et pure, un talent poétique à la fois tendre et élevé, un cœur sympathique, modeste, excellent, voilà tout ce qui vient de disparaître sans qu'un front se soit découvert devant la tombe de Turquety, sans qu'une voix se soit élevée pour dire : — Un poëte vient de mourir !

Mais qui donc aujourd'hui, dans ce bourbier qui se prétend littéraire, parmi cette foule inepte qui s'attèle aux chars des courtisanes et des bouffons, pourrait s'inquiéter d'un poëte, et surtout d'un poëte catholique ?

A une époque où la plume n'était pas encore avilie, où l'un des livres de Turquety (*Amour et Foi*) obtenait quatre éditions en peu d'années, Nodier, ce juge exquis, disait :

« Entre tous les jeunes poëtes qu'a produits la noble école « religieuse de M. de Lamartine, je n'en connais point qui l'emporte sur M. Turquety, par l'élévation de la pensée et par la « magnificence de l'expression ; c'est le digne Elisée du Prophète, et on reconnaît la double inspiration de son maître à « la grandeur des sentiments comme à la constante élégance de « la parole... Il nous semble qu'une haute destinée est réservée « au jeune talent qui est allé prendre sa lyre aux murailles du « sanctuaire.... »

(1) Cette notice est extraite du *Bulletin du Bouquiniste*, numéro de décembre 1867.

Le premier ouvrage de Turquety (que Geruzez surnommait à cette occasion le fils légitime d'André Chénier) parut en 1829, sous le titre d'*Esquisses poétiques*. C'est aujourd'hui un livre rare. Il fut depuis retouché, augmenté et intitulé : *Primavera*. Tout le cœur du poëte est contenu dans ce livre inspiré, à plusieurs années d'intervalle, par deux amours, dont l'un fut brisé par la mort et l'autre enseveli vivant dans un cloître.

La muse du poëte n'eut dès lors plus d'accents que pour la prière. Il donna successivement : *Amour et Foi* (1838), *Poésie catholique* (1836), et *Hymnes sacrées* (1838)........

Ce qui recommande particulièrement le souvenir d'Édouard Turquety... c'est son goût éclairé pour ces bijoux de notre ancienne typographie qui coûtent si cher aujourd'hui. Nombre d'articles de critique bibliographique et littéraire, de biographies ou d'études sur les poëtes de la Renaissance, insérés notamment dans le *Bulletin du Bibliophile* de Techener, témoignent que Turquety ne se contentait pas de posséder ses livres, mais qu'il les étudiait avec soin, avec amour, et qu'il était de ceux qui savent *rompre l'os médullaire* pour en extraire la moelle. Il y a beaucoup à puiser dans les travaux, soit imprimés, soit encore inédits, de Turquety, même pour ceux qui connaissent le mieux la littérature de la Renaissance; car il possédait une foule d'auteurs inconnus, et j'ai vu entre ses mains un grand nombre de notes, qui pourraient former un supplément des plus intéressants au Catalogue de la bibliothèque de Viollet-le-Duc.

Notre commune passion pour les poëtes du XVIe siècle fut l'origine de notre rapprochement. Turquety venait d'acquérir un livre rare mais incomplet. Je possédais le même ouvrage, imparfait aussi, et nos deux exemplaires pouvaient se compléter l'un par l'autre. Instruit de cette circonstance, j'allai le voir pour lui proposer de tirer au sort à qui posséderait un exemplaire sans lacunes. Mais je me trouvai en présence d'un homme tellement bon, aimable et sympathique, que le désir de conclure un marché fut soudain remplacé par celui de gagner un ami. Quand je le quittai, les feuillets de mon livre avaient passé dans le sien.

Une connaissance formée entre deux bibliophiles sous de tels auspices ne pouvait manquer de devenir intime. Nous cherchâmes à nous revoir le plus souvent possible et un fréquent échange de lettres et de visites s'établit entre nous.

Lorsque j'allai chez lui, au mois d'octobre dernier, je le trouvai frappé d'un mal dont il ne pressentait que trop la fatale issue. Pendant trente ans, pour calmer de cruelles insomnies, il avait fait abus de narcotiques. Il fallait mourir du poison accoutumé ou s'en abstenir. Le salut était à ce prix. C'était une lutte suprême, à laquelle il a succombé trop tôt, car il n'avait que soixante ans. La robuste constitution dont l'avait doté l'air pur de la Bretagne, sa terre natale, devait lui promettre de bien plus longues années.

Il ne laisse pas d'enfants, mais une gracieuse et charmante femme dont il était l'idole, et quelques rares amis pour qui ce poëte pur et délicat, ce bibliophile éclairé, cet homme vertueux et bon n'est plus qu'un doux et mélancolique souvenir.

PROSPER BLANCHEMAIN.

Château de Longefont, ce 25 novembre 1867.

M. Edouard Turquety avait entrepris de réunir les œuvres des poètes français. Commencée depuis nombre d'années, sa collection n'a cessé de s'accroître, ainsi que le prouvent ses acquisitions dans des ventes récentes. Aussi est-elle vraiment importante, et digne d'être mise en parallèle avec celle de Viollet-Le-Duc, la plus nombreuse jusqu'à présent qui ait été livrée aux enchères. Elle est riche surtout en œuvres des Poètes que nous appellerons les *Poëtes de la Renaissance*, c'est-à-dire de ceux qui ont écrit depuis la fin du règne de François Ier jusque vers le commencement du dix-septième, époque où a brillé l'école de Ronsard. Cette série présente un ensemble incomparable, et dans lequel il n'existe presque pas de lacunes. Tous les volumes qui la composent sont rares et recherchés. Plusieurs sont à peu près introuvables. Nous ne pouvons résister au désir de signaler ici quelques-uns des plus précieux.

Parmi les œuvres antérieures à la Renaissance, on remarquera particulièrement le *Roman de la Rose*, édition de Michel Lenoir, 1509 (n° 8); le même poëme mis en prose par Molinet, 1521 (n° 10); *Le Champion des Dames* de Martin Franc, *Paris, Galiot du Pré*, 1530, in-8 (17); *Le Jardin de Plaisance et Fleur de Rhéthorique, Paris, Ve Trepperel*, s. d. (23); *Le Vergier d'Honneur*, par Octavien de St-Gelais, édition de Vérard, in-4 (30); une édition inconnue des *Œuvres de Cl. Marot*, imprimée à Paris, pour Nic. du Chemin, en 1545, dans l'année qui suivit la mort de l'auteur (52); *Les controverses des sexe masculin et féminin*, de Gratien de Pont, édition de Toulouse, 1536 (56); *Les Marguerites de la Marguerite, Lyon*, 1547, in-8 (61); plusieurs volumes de Jacques Pelétier, du Mans (66 à 69); *Délie*, par Maurice Scève, *Paris*, 1546, in-16, fig. sur bois (71); *Œuvres de Louise*

Labé, Rouen, 1556, in-16, édition très-rare, charmant exemplaire ayant appartenu à M. de Coislin, et plus tard à M. Armand Bertin (75).

La Série des poëtes de la Renaissance s'ouvre par vingt-quatre articles consacrés aux œuvres de Ronsard (83 à 106); on y remarque plusieurs pièces imprimées séparément, la plupart en édition originale; l'édition originale des *Amours*, avec les airs notés et l'édition de ses œuvres publieés en 1567, par Gabr. Buon, 6 tom. en 5 vol. in-4, exemplaire relié en marcquin vert par Duru (100). Puis viennent quatorze articles relatifs à Joachim du Bellay (107 à 120); *Les œuvres d'Etienne Jodelle*, 1583, joli exemplaire relié par Trautz-Bauzonnet (123); de précieux volumes de Baïf (128-133); le rare volume des œuvres de Maclou de La Haye (136); *Les Poesies de Loys le Caron* (137); *La tragédie d'Agamemnon*, de Ch. Toutain (145); *Les Odes d'Olivier de Magny*, bel exemplaire donné par l'auteur (146); Les Elégies de *J. Doublet, Dieppois*, bel exemplaire d'un livre presque unique (147); *Les Chastes Amours de N. Renaud*, exemplaire de Ch. Nodier, avec des notes de Jamet (152); *Les Œuvres Poétiques de Cl. Turrin* (164); *Les Œuvres de Jean et Jacques de la Taille*, très-bel exemplaire relié par Trautz-Bauzonnet (165); les poëmes de P. de Brach (180); plusieurs volumes de R. Belleau (166-169); *Les Œuvres de Ph. Des Portes*, 1600, précieux exemplaire ayant appartenu à Charles Nodier, sur les marges duquel Saint-Marc a transcrit les notes mises par Malherbe sur son exemplaire.

Les Œuvres de P. Le Loyer, ex. relié par Derome (189); Les œuvres de Cl. de Pontoux (190); de Jacques Courtin de Cissé (194); le très-rare volume des Poésies de Cornu (204); les Poésies de *Flaminio de Birague* (211); de Fr. Perrin (222); de Jan Vitet, avranchois, ex. de M. d'Auffay (223); *Le Plaisir des Champs*, de Cl. Gauchet (233); les Essais poétiques de G. du Peyrat, exemplaire de Ch. Nodier (244); *Les Œuvres du capitaine Lasphrise*, volume très-rare (259); les poésies de J. Grisel (262); de Bertaud (268-69), de Passerat (271), de Cl. Expilly (274); de J. Desplans ches (302); les *Marguerites poétiques*, publiées par Esprit Aubert (305); la dernière édition originale de Regnier (312); le poëmes d'Annibal de Lortigue (324); *Les Œuvres de Bernier de la Brousse* (334); *les Œuvres Satiriques de Courval Sonnet* (344); la seconde édition des *Tragiques* de d'Aubigné, etc., etc.

La période à partir de Malherbe est moins riche en livres d'un grand prix; mais les amateurs y trouveront encore bien des volumes qu'il n'est pas facile de rencontrer. Tels sont *le Parnasse des poëtes satiriques* de 1625 (365), les Satyres de Du Lorens, 624 (370), les Satyres de Rob. Angot (408), etc., etc.

La poésie dramatique dont nous avons fait une série à part, renferme également un bon nombre d'ouvrages importants, parmi lesquels nous nous contenterons de citer les suivants: *Le Mystère des Actes des Apôtres*, Paris, 1537, in-4, rel. en maroquin bleu, doublé de maroquin rouge, belle reliure ancienne (625); *l'Olimpe et le Théâtre de J. Grevin*, 1561, 2 tom. en 1 vol. in-8, exemplaire d'Amadys Jamyn (631); les Tragédies de Garnier (633-634), de Jean Prevost de Poictiers (638), de Montchrestien (639), le Théâtre de Hardy (640-42), etc., etc.

CATALOGUE DES LIVRES

DE LA

BIBLIOTHÈQUE POÉTIQUE

DE M. E. TURQUETY

POÉSIE FRANÇAISE

Poëtes français depuis les Trouvères jusqu'à Cl. Marot.

1. Fabliaux et Contes des poetes François des XIIe, XIIIe, XIVe et XVe siècles (publiés par Barbazan). *Paris,* 1756, 3 vol. pet. in-12, d.-rel.

2. Li Romans de Berte aus grans piés, précédé d'une dissertation sur les Romans des douze pairs, par Paulin Paris. *Paris, Techener,* 1832, in-12, pap. de Holl., br.

   Tiré à 200 exemplaires.

3. Le Romancero François. Histoire de quelques anciens trouvères, et choix de leurs chansons, le tout recueilli par Paulin Paris. *Paris,* 1833, in-12, d.-rel.

4. Disciplina Clericalis. Discipline de Clergie, traduction (en prose) de l'ouvrage de P. Alphonse. Le Chastoiement d'un père à son fils, trad. en vers du même ouvrage. *Paris, impr. de Rignoux,* 1824, 2 vol. in-12, br.

   Publication de la Société des Bibliophiles, tirée à 200 exemplaires.

5. Vers sur la mort, par Thibault de Marly, publ. d'après un MS. de la Bibliothèque du Roi. *Paris, Crapelet,* 1835, gr. in-8, pap. vélin, br.

6. Le Miracle de Théophile, mis en vers au commencement du XIIIe siècle, par Gautier de Coinsy, publ. pour la première fois, par D. Maillet, bibliothécaire à Rennes. *Rennes,* 1838, in-8, br.

7. Poésies de Marie de France, poète Anglo-Normand du XIIIe siècle, publ. par de Roquefort. *Paris,* 1820, 2 tom. en 1 vol. in-8, fig., v. fau., fil., tr. dor.

8. Le Romant de la Rose, nouvellement imprimé à Paris. *Paris, Mich. Le Noir,* 1509, in-4, goth. à 2 col., fig. s. bois, mar. r., fil., tr. dor., doublé de moire.

Raccommodage dans le coin de la marge du haut du titre.

9. Le Roman de la Rose par Guillaume de Lorris et Jean de Meung, édition revue par Francisque Michel. *Paris, Didot,* 1864, 2 vol. in-12, br.

10. Le Romant de la Rose
Moralisié cler et net
Translaté de rime en prose
Par vostre humble Molinet.

Nouvellement imprimé à Paris, en la grant rue Sainct Jaques A lenseigne de la Roze blanche couronnée, par la veufve feu Michel le Noir, le XVIIe jour Daoust mil cinq cens vingt et ung, pet. in-fol. goth., fig. sur bois, mar. rouge, fil., tr. dor. (*Anc. reliure.*)

« Curieux commentaire sur le Roman de la Rose. Texte en prose beaucoup plus amusant à lire que le texte en vers. » E. T.

11. Le Plaisant Jeu du Dodechedron de Fortune non moins récréatif que subtil et ingénieux (attribué à J. de Meung). *Paris, N. Bonfons,* 1577, in-8, bas.

12. La Métallique Transformation, contenant trois anciens traictez en rithme françoise, à sçavoir la Fontaine des amoureux de science, autheur J. de la Fontaine, etc..... *Lyon, P. Rigaud,* 1618, in-16, mar. r. fil. tr. dor. (*Anc. reliure.*)

13. Sensuyt le Romant (en vers) de Richart filz de Robert le Diable qui fut duc de Normandie. *Paris, Silvestre,* 1838, in-16, goth., br.

14. Chansons, ballades et rondeaux de Jehannot de Lescurel, poëte du XIVe siècle, publ. pour la prem. fois par A. de Montaiglon. *Paris, Jannet,* 1855, in-16, cart., non rogné.

15. Le Livre de Mathéolus, poëme français du XIVe siècle, par Jean Lefèvre. *Bruxelles,* 1864, 2 vol. in-16, br.

Tiré à petit nombre.

16. Les Vaux de Vire édités et inédits d'Olivier Basselin et de Jean Le Houx, poëtes Virois, publ. par Jul. Travers. *Paris,* 1833, in-18, d.-rel.

17. Le Champion des Dames, livre plaisant, copieux et habondant (*sic*) en sentences, contenant la deffence des Dames contre Malebouche et consors, composé par Martin Franc. *Paris, Galiot Du Pré,* 1530, pet. in-8, fig. s. bois, lettres rondes, bas.

Édition rare. — Raccommodages et graves mouillures aux marges du commencement et de la fin.

18. Livre de la Fontaine Perilleuse, avec la Chartre d'Amours, autrement intitulé le Songe du Verger. Œuvre tres-excellent de poësie antique contenant la steganographie des mysteres secrets de la science minerale, avec commentaire de J. G. P. (Jacques Gohory, Parisien), dédié à l'illustre seigneur J. de Ferrieres, Vidame de Chartres. *Paris, Jeh. Ruelle*, 1572, in-8, v. fauve, fil. (*Koehler.*)

L'auteur de ce poëme est inconnu, et l'on ne sait à quelle époque il a écrit. Suivant Gohory, son éditeur et son commentateur, il serait antérieur aux auteurs du roman de la Rose. Cependant comme il cite Alain Chartier, mort en 1458, il est tout au plus le contemporain de ce poëte.

19. Poésies morales et historiques d'Eustache Deschamps, châtelain de Fismes et bailli de Senlis, publ. pour la première fois par G. A. Crapelet. *Paris, Crapelet*, 1832, gr. in-8, pap. vélin, cart. non rogné.

20. Les Œuvres de Maistre Alain Chartier, revues et corrigées par André Du Chesne, Tourangeau. *Paris*, 1617, in-4, v. fauve, dos orné, dent. (*Simier.*)

« Très-bel exemplaire de l'édition la plus complète. Ce n'est guère que de notre temps qu'on a rendu justice à ce « *Sénèque François, à le père de l'eloquence françoise,* » comme dit Pasquier. Ses poésies sont pleines de sentiment et d'une clarté qui étonne, quand on se rappelle l'époque lointaine où elles ont été composées. » E. T.

21. Les Poësies du duc Charles d'Orléans, publ. par Aimé Champollion-Figeac. *Paris*, 1842, in-12, d.-rel.

22. Le Pas d'Armes de la Bergère, maintenu au Tournoi de Tarascon, publ. d'après le MS. de la bibliothèque du Roi, par G. A. Crapelet. *Paris, Crapelet*, 1835, gr. in-8, pap. vélin, fig. coloriées, v. antiq., fil.

23. Œuvres complètes du Roi René (avec ses poésies), publ. par M. de Quatrebarbes. *Paris*, 1845, 4 vol. in-4, fig., br.

24. Sensuyt le Jardin de Plaisance et fleur de Rethorique contenant plusieurs beaulx livres, comme le donnet de noblesse baille au roy Charles VIII, le chief de ioyeuseté auec plusieurs autres en grant nombre.... *Imprime nouvellement à Paris, par la veufve de feu Jehan Trepperel et Jehan Jehannot... s.d.*, in-4, goth. à 2 colonnes, v. fauve, fil.

Exemplaire de White Knight et de Rich. Heber. — « On sait combien cet ouvrage est curieux et rare. De tous les anciens recueils de poésie, c'est le plus varié et le plus intéressant; il renferme de trente à quarante mille vers. » E. T.

25. La Dance aux Aveugles et autres poësies du XVe siècle extraites de la Biblioth. des Ducs de Bourgogne (publ. par Lambert Douxfils). *Lille, Panckoucke*, 1748, in-8, d.-rel.

26. Les Quinze Joyes de Mariage, ouvrage très-ancien, auquel on a joint le Blason des Fausses Amours, le Loyer des Folles Amours, et le Triomphe des Muses contre Amour (publ. par Le Duchat). *La Haye, A. de Rogissart*, 1726, in-12, v. fauve, fil., tr. dor.

26 *bis*. Recueil de poésies françoises des XVe et XVIe siècles, morales, facétieuses, historiques, réunies et annotées par A. de Montaiglon. *Paris, Jannet*, 1855-58, 8 vol. in-16, cart., non rogné.

27. Poésies des XVe et XVIe siècles, publ. d'après des éditions gothiques et des manuscrits. *Paris, Silvestre*, 1830-32, 15 part. en 1 vol. in-8, gothique, pap. de Holl., mar. n. fil.

Tiré à 100 exemplaires seulement.

28. Collection des poètes français publ. par Coustelier. *Paris, Coustelier*, 1723-24, 10 tom. en 9 vol. in-12, dem -rel.

Villon. — Jean Marot.— Coquillart.— Légende de Faifeu.— Cretin. — Farce de Pathelin. — Martial d'Auvergne. — Racan.

29. Ovide, de Arte Amandi, translaté de latin en françoys. Imprimé nouvellement... *Cy finist Ouide de lart daymer auecques les sept ars liberaulx. Nouvellement imprime à Genefve. S. D.* (*fin du XVe siècle*), pet. in-4, gothique à 2 colonnes, fig. s. bois, mar. vert, dent. à comp., tr. dor. (*Niédrée.*)

Rare. Bel exemplaire de la vente Vernon Utterson.

30. Les XXI Epistres Dovide translatees de latin en francoys, par reverend pere en dieu monseigneur levesque Dangoulesme (Octavien de S.-Gelais). *Paris, Galiot du Pré*, 1538, in-8, lettr. rondes, fig. sur bois, mar. br. mosaïque, fil., tr., dor. (*Hardy.*)

31. Le Vergier donneur nouvellement imprime a Paris de l'entreprinse et voyage de Naples, auquel est comprins comment le roy Charles huitiesme de ce nom a banyere desployee passa et repassa de iournee en iournee depuis Lyon iusques a Napples... ensemble plusieurs aultres choses faictes et composees par reverend pere en Dieu monsieur Octauien de sainct Gelais evesque Dangoulesme et par maistre Andry de la Vigne.... *S. L. N.D.* (*Paris, Anth. Vérard, fin du XVe siècle*), in-4 gothique, à 2 colonnes, fig. s. bois, v. mar.

Édition rare. — Titre raccommodé, et le feuillet *bi* un peu déchiré; néanmoins très-réparable et grand de marges.

32. Les Faictz et dictz de feu de bonne mémoire maistre Jehan Molinet, contenant plusieurs beaulx traictez, oraisons et champs (*sic*) royaulx. *Paris, à l'enseigne de l'Eléphant*, 1540, in-8, lettres rondes, v. fauve, fil., tr. dor. (*Padeloup.*)

33. LIII Arrests d'Amours (par Martial d'Auvergne). *Rouen, Th. Mallard*, 1587, in-16, mar. v., fil. à comp., tr, dor.

34. Les Arrêts d'Amours, avec l'Amant rendu Cordelier à l'observance d'amours, par Martial d'Auvergne. *Amsterdam, Changuion*, 1731, in-2, v. marb.

35. Poésies françoises de J. G. Alione (d'Asti) composées de 1494 à 1520, publiées par J. C. Brunet. *Paris, Silvestre*, 1836, in-12, papier de Holl., br.

Tiré à 108 exemplaires.

36. Les Proverbes communs (en vers, par J. de la Vesprie, prieur de Clairvaux). *Paris, Silvestre*, 1839, in-16, goth., br.

37. Les Sept Marchans de Naples (en vers). *Paris, Silvestre*, 1838, in-16, goth., br.

38. Sensuyt le labyrinth de fortune et seiour des troys nobles Dames, compose par lacteur des Regnars traversans et loups ravisans (*sic*) surnomme le traverseur des voyes perilleuses (Jehan Bouchet). *Nouvellement imprime a Paris par Alain Lotrian .... S. D*, in-4, gothique, mar. rouge, fil., tr. dor. (*Anc. reliure.*)

39. Les Angoisses et Remèdes d'Amours du Traverseur à son adolescence, auquel (*sic*) est adioustée une plaisante histoire d'Eurial et Lucresse .... *Rouen, Abrah. Cousturier*, 1599, in-12. dem.-rel.

40. Les Généalogies, effigies et épitaphes des Roys de France (en prose et en vers) par Jeh. Bouchet. *Poictiers, Les Bouchetz et Enguilb. de Marnef*, 1545, in-fol., fig. s. bois, lettres rondes, cart.

Outre les *Généalogies*, etc., cette édition contient une partie des opuscules en vers de Jeh. Bouchet.

41. Les Illustrations de Gaule et Singularitez de Troye, avec l'epistre du roy Hector de Troyes.... par Jean Le Maire de Belges. *Paris, Arnoul Langellyer* (*sic*), 1548, in-4, vél. (*Piqué.*)

42. Les Illustrations de Gaule et Singularitez de Troye, par maistre Jean Le Maire de Belges, avec la Couronne Margaritique (en vers), et autres œuvres (poëtiques) de luy, non jamais encore imprimées, le tout reveu et fidelement restitué par Antoine du Moulin Masconnois. *Lyon, Jean de Tournes*, 1549, in-folio, dem.-rel., v. fauve.

43. Œuvres complètes de Gringore, publ. par Ch. d'Héricault et A. de Montaiglon. *Paris, Jannet*, 1858, in-16, cart., n. rogné.

44. Les Georgiques de Virgile Maron, translates de latin en (vers) francoys et moralisees (par Guillaume Michel, dit de Tours). *Paris, Durand Gerlier,* 1519, gr. in-8, gothique, mar. vert. fil., tr. dor. (*Thompson.*)

Exemplaire Solar. — « Ouvrage fort curieux, surtout pour l'étrangeté des *Moralisations* dont l'honnête poëte accompagne ses vers. » E. T.

45. Sensuyvent plusieurs belles chansons composées nouvellement. *Paris, Silvestre*, 1838, in-16, goth., br.

46. La Fleur des Chansons, les grans chansons nouvelles qui sont en nombre cent et dix où est comprinse la chanson du roy, la chanson de Pavie, etc... *S. L. N. D*, in-16, gothique, dem.-rel., dos et coins de mar. r., tranche ébarbée.

Réimpression faite à Gand en 1856, et tirée à petit nombre.

47. Maistre Aliborum qui de tout se mesle et sçait faire tous mestiers et de tout rien (en vers). *Paris, Silvestre*, 1838, in-16, goth., br.

48. Les Moyens d'éviter Merencolye... (en vers), par Dadonville. *S. L. N. D.* (*Paris, Techener*, 1830,) in-16, gothique, br.

Réimpression à 76 exemplaires.

49. Complaintes et Enseignements de François Garin. *Paris, Silvestre,* 1832, in-4, goth., dem.-rel. v. fau., non rogné (*Simier*).

Réimpression à 100 exemplaires faite par les soins de M. Durand de Lançon.

Clément Marot et ses contemporains.

50. La Suite de ladolescence Clementine. *S. L.* (*Paris*), 1540, in-16, lettres rondes, fig. s. bois, dem.-rel., tr. dor.

51. Les Œuvres de Clément Marot, valet de chambre du Roy. *Paris, Denys Janot,* 1544-47, in-16, fig. s. bois, bas.

52. Les Œuvres de Clément Marot de Cahors, vallet de chambre du Roy. *Paris, Nic, Du Chemin,* 1545, in-16, réglé, mar. br. tr. dor. (*Lortic*).

Édition non citée.

53. Clément Marot. *Lyon, Jean de Tournes,* 1558, in-16, v. gran.

54. Œuvres de Clément Marot, avec les ouvrages de Jean et de Michel Marot (publ. par Lenglet-Dufresnoy). *La Haye, J. Neaulme,* 7311, 6 vol. pet. in-12, port., v. marbr.

Cette édition est dédiée au « *Comte d'Hoym*. »

55. Poésies du Roi François Ier, de Louise de Savoie, duchesse d'Angoulême, de Marguerite, reine de Navarre, et Correspondance intime du Roi avec Diane de Poitiers et plusieurs autres dames de la cour, publié par Aimé Champollion-Figeac. *Paris*, 1847, in-4, cart.

56. Controverses des sexes masculin et femenin (par Gratien de Pont, Sr de Drusac). *S. L.* (*Toulouse*), 1536, 3 tom. en un vol. in-16, lettres rondes, fig. s. bois, mar. vert, fil., tr. dor. (*Bauzonnet-Trautz*.)

Exemplaire de Crozet et de M. de Chaponay.

57. La Parfaicte Amye nouvellement composée par Antoine Heroet, dict la Maison neufve, avec plusieurs autres compositions dudict autheur. *On les vend à Lyon en la rue Mercière, par Pierre de Tours*, 1542, pet. in-8, mar. br., fil., tr. dor. (*Kœhler*.)

58. Opuscules d'Amour, par Heroet, La Borderie et autres divins poëtes. *Lyon, J. de Tournes*, 1547, in-8, dem.-rel., v. f. (*Bruyère*.)

Titre raccommodé et court de marges.

59. Le Second Enfer d'Estienne Dolet, natif d'Orléans. *Lyon*, 1544 (*Paris, Techener*, 1830), pet. in-8, dem.-rel., n. rog.

Publication due à M. Aimé Martin, et tirée à 120 exemplaires.

60. Œuvres de Roger de Collerye, publ. par Ch. d'Héricault. *Paris, Jannet*, 1855, in-16, cart., n. rog.

61. Marguerites de la Marguerite des Princesses, tres illustre royne de Navarre. *Lyon, Jean de Tournes*, 1547, 2 part. en un vol. in-8, fig. s. bois, v. m., fil.

62. Les Contrepistres d'Ovide nouvellement inventées et composées par Michel d'Amboyse, dict l'Esclave Fortuné, seigneur de Chevillon, où sont contenues plusieurs choses recreatifves et dignes de lire. *Paris, P. Sergent*, 1546, in-16, lettres rondes, mar. vert, fil., dent., tr. dor. (*Thompson*.)

Exemplaire *Audenet*. Plusieurs feuillets rognés en tête.

63. Le Ris de Démocrite et le Pleur de Héraclite, philosophes, sur les folies et misères de ce monde, invention de M. Antonio Phileremo Fregoso, chevalier italien, interprétée en ryme françoise par noble homme Michel d'Amboyse, escuyer. *Paris, Arnoul l'Angelier*, 1547, pet. in-8, réglé, dérelié.

Légers raccommodages à la marge des premiers feuillets.

64. Art poëtique françois pour l'instruction des jeunes étudians et encor peu avancez en la Poësie françoise (par Th. Sibilet). *Paris, Gilles Corrozet*, 1548, in-8, dem.-rel.

65. Emblemes ou Preceptes moraux, tirez des escrits de feu Gilles Corrozet, non encore imprimez. *Paris, Jean Corrozet*, 1641, in-8, cart.

66. Les Œuvres poétiques de Jacques Peletier du Mans. *Paris, Mich. de Vascosan et Galiot du Pré*, 1547, in-8, v. m.

Raccommodage au titre. — Quelques mouillures.

67. L'Art poétique de Iaques Peletier du Mans, departi en deus livres. *Lyon, Jan de Tournes e Guill. Gazeau*, 1555, in-8, réglé, mar. r., fil., tr. dor. (*Niédrée.*)

Piqûre restaurée au commencement; néanmoins assez bel exemplaire.

68. La Savoye de Jacq. Peletier du Mans. *Annecy, Jaq. Bertrand*, 1572, in-8, br.

Réimpression à très-petit nombre.

69. Œuvres poétiques de Jaques Peletier du Mans, intitulez Louanges. Avecq quelques autres ecriz du même auteur, ancores non publiez. *Paris, R. Coulombel*, 1581, in-4, v. fauve, fil., tr. dor. (*Closs*).

70. Saulsaye. Eglogue de la vie solitaire (par Maurice Sève). *Lyon, J. de Tournes*, 1547, in-8, dem.-rel., v. fau., n. rog.

Réimpression à petit nombre faite par Pontier d'Aix, en 1829.

71. **Délie**, object de plus haute vertu (par Maurice Scève). *Paris, Nic. du Chemin*, 1564, in-16, mar. rouge, fil., tr. dor. (*Niédrée.*)

Voir Catal. Bancel,

Charmantes figures sur bois avec petits entourages. — Joli exemplaire.

72. Délie, objet de plus haute vertu, poésies amoureuses, par Maurice Sève, Lyonnais. *Lyon, Perrin*, 1862, in-12, fig. sur b., br.

73. Repos de plus grand travail (par Guill. des Autelz). *Lyon, J. de Tournes et Guill. Gazeau*, 1550, in-8, mar. r., fil., tr. dor. (*Anc. reliure.*)

74. Poésies de Pernette du Guillet, Lyonnaise. *Lyon, Louis Perrin*, 1830, in-8, pap. vél., cart., n. rog.

Réimpression à 100 exemplaires.

75. **Œuvres de Loyse Labé Lionnoise**, du débat de folie et d'amour. *A Rouen, par Ian Garou*, 1556, in-16, mar. r., fil., plats ornés et à petits fers, tr. dor. (*Bauzonnet-Trautz.*)

« La plus introuvable des éditions de cette illustre poétesse. Cette édition n'est pas à la Bibliothèque impériale; le seul exemplaire que l'on connaisse avec celui-ci faisait partie de la bibliothèque de M. Cigongne. » E. T.

Charmant exemplaire qui provient des bibliothèques du marquis de Coislin, et de M. A. Bertin. — Le 81e feuillet qui manquait a été refait avec une grande perfection.

76. Euvres de Louize Labé, Lionnoise, surnommée la Belle Cordière. *Brest, Michel*, 1815, in-8, pap. fin, br.

Tiré à 140 exemplaires.

77. Œuvres de Louise Labé, Lyonnaise, édition publiée par L. Boitel. *Lyon*, 1845, in-12, pap. vél., d.-rel.

Tiré à 200 exemplaires.

78. Cent Cinq Rondeaulx damour, publ. d'après un manuscrit du XVIe siècle, par E. Tross. *Paris*, 1863, in-12, br.

Tiré à petit nombre. Exemplaire réglé.

79. Noelz par le Conte d'Alsinoys, autres noelz sur les chants de plusieurs belles chansons. *On les vend au Mans, chez A. Lanier*, 1847, in-16, mar. r., fil., tr. dor. (*Trautz-Bauzonnet.*)

Très-bel exemplaire en papier de Hollande. Charmante réimpression tirée à 50 exemplaires seulement.

80. Œuvre excellente et à chascun désirant soy de peste préserver, très-utile, contenant les médecines préservatives, et curatives des maladies pestilentieuses, et conservatives de la santé, nouvellement composée par Guillaume Bunel en la faculté de médecine, docteur régent de l'université de Tholose, etc. (*Le Mans*, 1836), in-8, pap. vél., d.-rel., mar. rouge, doré en tête, non rogné.

Publication faite par M. J. Richelet, du Mans, et tirée à 29 exemplaires seulement. Guillaume Bunel était originaire de Normandie.

80 *bis*. Les batailles et victoires du Chevalier Céleste contre le Chevalier Terrestre, l'un tirant à la maison de Dieu et l'autre à la maison du Prince du Monde, chef de l'Eglise maligne (par Artus Désiré). *Rouen, Louys du Mesnil, S. D.* (*vers* 1620), in-12, v. fauve. (*Anc. reliure.*)

Poëtes françois depuis Ronsard jusqu'à Malherbe.

81. Œuvres poëtiques de Mellin de S.-Gelais. *Lyon, Ant. de Harsy*, 1574, in-8, mar. r., fil., tr. dor. (*Kœhler.*)

Édition originale sous cette date.

82. Œuvres poetiques de Mellin de S.-Gelais (publ. par La Monnoye). *Paris*, 1719, pet. in-12, portr. ajouté, d.-rel.

83. Les quatre premiers livres des Odes de Pierre de Ronsard, Vendomois. *Paris, Guill. Cavellart*(sic), 1550, in-8, mar. r., fil., tr. dor. (*Veuve Niédrée.*)

Edition originale très-rare. Bel exemplaire. — Léger raccommodage au premier et au dernier feuillet.

84. Les Odes de P. de Ronsard, Vandomois. *Paris, Guill. Cavellat*, 1553, in-16, mar. v., fil., dent., tr. dor. (*Reliure anglaise.*)

Joli exemplaire d'une édition rare et qui a échappé aux recherches de M. Brunet.

85. Les Quatre Premiers Livres des Odes de P. de Ronsard, Vandomois. *Paris, veuve Maurice de la Porte*, 1555 (*achevé d'imprimer le XXV de janvier* 1555.) — Le Cinquiesme des Odes de P. de Ronsard, augmenté. Ensemble la harangue que fit le Duc de Guise aux soudars de Metz, le jour qu'il pensait avoir l'assaut. *Paris, Veuve Maurice de la Porte*, 1553 (*Achevé d'imprimer le VIIIe jour d'Aoust*, 1553), in-8, portr., mar. r., tr. dor. (*Capé.*)

86. Le Cinquieme des Odes de P. de Ronsard, ensemble la harangue que fit Mgr le duc de Guise aus soudars de Metz, le jour qu'il pensoit avoir l'assaut, traduite en partie de Tyrtée poëte grec et dédiée à Mgr le Reverendissime Cardinal de Lorraine, son frère. *Paris, Veuve Maurice de la Porte*, 1553, in-8, d.-rel., mar. br. (*Bruyère.*)

87. Les Amours de P. de Ronsard, Vandomois, ensemble le cinquiesme de ses Odes. *Paris, Veuve Maurice de la Porte*, 1552, in-8, musique notée, n. rel.

Edition originale très-rare, surtout avec la partie contenant les airs notés, lesquels sont de P. Certon, A. Muret, Goudimel, Jannequin, etc. L'exemplaire est grand de marges. Quelques feuillets de la fin ont été remontés.

88. Les Amours de P. de Ronsard, nouvellement augmentées par lui, et commentées par Muret. Plus quelques Odes non encore imprimées. *Paris*, 1553, in-8, portraits, musiq. notée, mar. r. à comp., tr. dor. (*Capé.*)

« Le titre de ce volume est suivi de trois portraits : de Ronsard, de sa dame et de Muret. Papillon, dans son histoire de la gravure sur bois, attribue ces portraits à Jean Cousin. » E. T.

La musique notée, faite pour l'édition de 1552, a été ajoutée à cet exemplaire.

89. Continuation des Amours de P. de Ronsard, Vandomois. *A Paris, pour Vincent Sertenas*, 1555, in-8, cart.

Edition originale.

90. Le Bocage de P. de Ronsard, Vandomoys, dédié à P. de Paschal, du bas-païs de Languedoc. *Paris, chez la Veuve Maurice de la Porte*, 1554, in-8, portr., cart.

Edition originale.

91. Les Meslanges de P. de Ronsard, dédiés à Jan Brinon, seconde édition. *Paris, Gilles Corrozet*, 1555, in-8, n.-rel.

92. Remonstrance au Peuple de France, par P. de Ronsard. *Paris, Gabr. Buon*, 1563, pet. in-4, dérelié.

Edition originale.

93. Discours des Misères de ce temps, par P. de Ronsard. *Paris, Gabr. Buon*, 1563. — Continuation des Misères de ce temps, par P. de Ronsard. *Paris*, 1563. — 2 pièces, pet. in-4, dé-reliées.

Editions originales.

94. Elégie de P. de Ronsard, Vandomois, sur les troubles d'Amboise, 1560, à G. des Autels, gentilhomme Charrelois. *Paris, G. Buon*, 1563, pet. in-4, dérelié.

Edition originale.

95. Institution pour l'Adolescence du Roy tres-chrestien Charles Neufiesme de ce nom, par P. de Ronsard. *Paris, G. Buon*, 1564, pet. in-4, dérelié.

Edition originale.

96. Le premier (second et troisiesme livre) du recueil des nouvelles poésies de P. de Ronsard, gentilhomme Vandomois, lesquelles n'ont encore esté par cydevant imprimées. *Paris, G. Buon*, 1564, 3 part. en un vol. pet. in-4, parch.

Très-beau de marges. — Recueil fort rare que M. Brunet n'a point indiqué dans son grand travail sur Ronsard (*Man. du libraire* V. col. 1374 à 1387). Le volume se compose d'hymnes, de poëmes, d'églogues, d'élégies, de chansons, etc. En tête se trouve une épitre en prose de Ronsard, dans laquelle il répond à ses détracteurs.

97. Les IV premiers livres de la Franciade, au Roy tres-chrestien Charles, Neufiesme de ce nom, par Pierre de Ronsard, gentilhomme Vandomois. *Paris, Gabr. Buon*, 1573, in-16, cart.

98. Les quatre premiers livres de la Franciade, par Pierre de Ronsard. *Paris, Gabr. Buon*, 1573. — L'Hymne de la Philosophie de P. de Ronsard, commenté par Pantaléon Thévenin de Commercy en Lorraine. *Paris, J. Febvrier*, 1582, in-4, vél. (*Bel exemplaire.*)

99. Les quatre premiers livres de la Franciade, par Pierre de Ronsard. *A Turin, par Ian Francois Pico*, 1574, in-16, m. r., fil., tr. dor.

Quelques feuillets un peu rognés en tête.

100. Les Œuvres de P. de Ronsard, gentilhomme Vandomois. *Paris, Gabriel Buon*, 1567, 6 tom. en 5 vol. in-4, réglés, portr., mar. vert janséniste, tr. dor. (*Duru.*)

La plus belle édition de Ronsard qui ait été faite de son vivant. On a relié avec le tome IV les *sixiesme et septiesme livres des Poëmes de Ronsard. Paris, Jean Dallier*, 1569, 2 part. in-4 de 59 et 36 feuillets, éditions originales.

Très-bel exemplaire de M. Ch. Giraud.

101. Les Œuvres de P. de Ronsard, gentilhomme Vandomois, rédigées en six tomes. *Paris*, 1572-1573, 6 tom. en 5 vol. in-16, portr., maroq. br., fil., tr. dor. (*Lortic.*)

Très-jolie édition.

102. Les Œuvres de P. de Ronsard, gentilhomme Vandomois. *Paris*, 1629-30, 11 tom. en 5 vol. pet. in-12, v., dent.

103. Œuvres complètes de P. de Ronsard, nouvelle édition publiée sur les textes les plus anciens, avec les variantes et des notes, par Prosper Blanchemain. *Paris, Jannet*, 1858, 8 vol. in-16, cart., non rognés.

104. Œuvres inédites de P. de Ronsard, gentilhomme Vandomois, recueillies et publiées par Prosper Blanchemain. *Paris*, 1855, in-12, portr., pap. vergé, dem.-rel. mar. dor. en tête, non rog.

105. Apologie ou Deffense d'un homme chrestien pour imposer silence aus sottes reprehensions de M. Pierre Ronsard, soy disant non seulement poëte, mais aussi maistre des poëtastres, par laquelle l'aucteur respond à une epistre secretement mise au devant du recueil de ses nouvelles poësies (par Florent Chrestien). *S. l.*, 1564. — Les derniers vers de Pierre de Ronsard (publ. par Cl. Binet de Beauvais). *Paris, Gabr. Buon*, 1586. -- Brief advertissement de G. de Saluste, seigneur du Bartas sur quelques points de sa première et seconde semaine. *Paris, P. L'Huillier*, 1584.—P. Ronsardi ad pacem exhortatio latinis versibus de gallicis expressa a Francisco Thorio Bellione. *Parisiis, Wechel*, 1558, in-4, vél.

Pièces rares.

106. Le Temple de Ronsard, où la légende de sa vie est briefvement descrite (par Jacques Grévin). *Nogent-le-Rotrou*, 1865, br. in-8.

Réimpression faite par M. Blanchemain, et tirée à 15 exemplaires seulement.

107. L'Olive et quelques autres œuvres poeticques, par J. D. B.A. (Joachim Du Bellay, Angevin). *Paris, Arnoul l'Angelier*, 1549, in-8, dérel.

Edition originale.

108. La Deffence et illustration de la langue françoyse, par I. D. B. A. (Joachim du Bellay, Angevin). *Paris, Arnoul l'Angelier*, 1549, in-8, lettres rondes, v. fauve, fil., tr. dor.

Edition originale.

109. Le Premier Livre des Antiquitez de Rome, contenant une générale description de sa grandeur et comme une deploration de sa ruine, par J. Dubellay, Ang. *Paris, Federic Morel*, 1558, pet. in-4, dem.-rel., mar. r. (*Lortic.*)

Edition originale.

110. Hymne au Roy sur la prinse de Calais, par Joach. du Bellay, avec quelques autres œuvres du mesme autheur sur le mesme sujet. *Paris, Federic Morel*, 1559, pet. in-4 réglé, dem.-rel., mar. r. (*Lortic.*)

Edition originale.

111. Epithalame sur le Mariage de Philibert Emanuel, duc de Savoye, et tres illustre princesse Marguerite de France, duchesse de Berry, par J. du Bellay, Angevin. *Paris, Federic Morel*, 1559, pet. in-4 réglé, dem.-rel., mar. r. (*Lortic.*)

Edition originale.

112. Discours au Roy sur la Trefve de l'an 1559, par Joac. du Bellay, Ang. *Paris, Federic Morel*, 1559, pet. in-4 régl., dem.-rel., mar. r. (*Lortic.*)

Edition originale.

113. Entreprise du Roy Daulphin pour le tournoi, soubz le nom des chevaliers Adventureux, par J. Du Bellay, Ang. *Paris, Federic Morel*, 1559, pet. in-4, réglé, dem.-rel., maroq. r. (*Lortic.*)

Edition originale.

114. Les Regrets et autres œuvres poétiques de J. Du Bellay. *Paris, Federic Morel*, 1559, in-4 réglé, dem.-rel., maroq. r. (*Lortic.*)

Edition originale.

115. Divers Jeux rustiques, et autres œuvres poétiques, de J. Du Bellay, Angevin. *Paris, Federic Morel*, 1560, in-4 réglé, dem.-rel., mar. r. (*Lortic.*)

Edition originale.

116. Louange de la France et du roy tres-chrestien Henry II, ensemble un discours sur la poésie, par J. Du Bellay, Angev. *Paris, Federic Morel*, 1560, pet. in-4 réglé, dem.-rel., mar. r. (*Lortic.*)

Edition originale.

117. Deux Livres de l'Enéide de Virgile, le quatrième et sixième trad. en (vers) françois, par J. Du Bellay, Ang. *Paris, Federic Morel*, 1561, in-4, cart.

Edition originale.

118. Les Œuvres françoises de Joachim Du Bellay, gentilhomme Angevin. *Lyon, Ant. de Harsy*, 1575, in-8, mar. vert, fil., tr. dor.

119. Les Œuvres françoises de Joachim du Bellay, gentilhomme Angevin. *Paris, Abel L'Angelier*, 1584, in-12, mar. r., milieu orné, tr. dor. (*Trautz-Bauzonnet.*)

Exemplaire très-grand de marges, rempli de témoins.

120. Œuvres choisies de Joachim Du Bellay, précédées d'une Notice par Sainte-Beuve. *Angers*, 1841, in-8, portr., br.

121. Les Epistres Héroïdes tres salutaires pour servir d'exemple à toute âme fidèle, composées par F. Habert d'Yssouldun en Berry, avec aucuns épigrammes, cantiques spirituelz et alphabet moral pour l'instruction d'un jeune prince ou princesse. *Paris, Mich. Fezandat*, 1550, in-8, v. jaspé.

Exemplaire de Viollet Le duc.

122. Les Quinze Livres de la Métamorphose d'Ovide, interpretez en rime françoise, par François Habert. *Paris, Est. Groulleau*, 1557, in-8, v. br.

123. Les Œuvres et Meslanges poétiques d'Estienne Jodelle, sieur du Lymodin. *Paris*, 1583, in-12, mar. r., fil., tr. dor. (*Trautz-Bauzonnet.*)

Joli exemplaire.

124. Les Œuvres et Meslanges poétiques d'Estienne Jodelle, sieur du Lymodin. *Paris, Rob. Le Fizelier*, 1583, in-12, dem.-rel., tr. dor.

125. Poësie d'Estienne Forcadel. *Lyon, Jean de Tournes*, 1551, in-8, parch.

Très-rare. Exemplaire fatigué et court de marges.

126. Le Siècle d'Or et autres vers divers (par Bérenger de la Tour d'Albenas). *Lyon, Jean de Tournes et Guill. Gazeau*, 1551, in-8, préparé pour la reliure.

127. Imagination poëtique, traduicte en vers françois (par Barth. Aneau). *Lyon, Macé Bonhomme*, 1552, in-8, très-jolies fig. s. bois, mar. br., fil.

128. Les Amours de Jan Antoine de Baïf. *Paris, veuve Maurice de la Porte*, 1552, in-8, v. m.

Edition originale.— Bel exemplaire.— On trouve à la suite *le Ravissement d'Europe*, par J.-Ant. de Baïf. *Paris*, 1552.

129. Les Amours de Jan Antoine de Baïf. *Paris, Lucas Breyer*, 1572, in-8, dem.-rel., tr. dor.

130. Les Jeux de Ian Antoine de Baïf. *Paris, L. Breyer*, 1572. — Les Passe-Temps de Ian Antoine de Baïf. *Paris, Lucas Breyer*, 1573, 2 tom. en un vol. in-8, dem.-rel.

« Exemplaire qui a appartenu à Pont de Veyle et à Soleinne. » E. T.

131. Euvres en rime de Ian Ant. de Baïf. *Paris, L. Breyer*, 1573, in-8, dem.-rel. (*Titre doublé.*)

132. Les Mimes, enseignemens et proverbes de J. A. de Baïf. *Tolose, Jean Jagourt*, 1619, pet. in-12, titre gravé avec portrait de Baïf, v. b.

Titre doublé et quelques taches.

133. Les Odes d'Anacréon Téien, traduit en (vers) françois, par Remi Belleau, de Nogent au Perche, ensemble quelques petites hymnes de son invention. *Paris, André Wechel*, 1556. in-8, vél.

134. La Morosophie de Guill. de la Perrière, Tolosain, contenant cent emblesmes moraux. *Lyon, Macé Bonhomme*, 1553, in-8, 100 fig. sur bois et encadrements variés à chaque page, n. rel.

135. Les Considérations des quatre mondes à savoir est : divin, angélique, céleste et sensible, comprises en quatre centuries de quatrains, contenans la cresme de divine et humaine philosophie, par Guillaume de la Perrière, Tolosan. *A Rouen, par Bonavanture Belis, demourant devant la porte de la court d'Eglise*, 1553, in-16, mar. bl., fil., tr. dor.

136. Les Œuvres de Maclou de La Haye, Piccard, valet de chambre du Roy, à sçavoir chant de paix, chant d'amour, cinq blasons des cinq contentemens en amour, sonetz d'amour, vingt vœux des vingt beaultez de s'amye (*sic*), épigrammes et stanses. *A Paris, de l'imprimerie d'Est. Groulleau*, 1553, pet. in-8, caractères italiques, 59 feuillets chiffrés, plus un feuillet dont le recto occupé par un errata et au verso la marque de l'imprimeur, mar. vert, fil., dos orné, tr. dor. (*Niédrée.*)

Poëte fort rare. — Le titre a été un peu lavé, et très-légèrement raccommodé ; ces défauts sont très-réparables.

137. La Poesie de Loys le Caron Parisien. *Paris, Vincent Sertenas*, 1554, in-8, mar. br., tr. dor. (*Bauzonnet.*) Voir Catal. Bancel

Poésies rares dont l'auteur est le jurisconsulte, Charondas Le Caron. Joli exemplaire de M. de Chaponay.

138. Les quatre livres des Georgiques de Virgile, trad. en carmes françois, par R. Le Blanc et dédiés à madame Marguerite de France, duchesse de Berri. *Paris, Ch. L'Angelier*, 1554, pet. in-8, réglé, mar. bl., fil. à comp., tr. dor.

139. L'Enfer de Cupido, par le seigneur des Coles. *Lyon*, *Macé Bonhomme*, 1555, in-8, fig. sur bois, mar. vert, fil. à fr., tr. dor. (*Koehler.*)

140. Recueil des Rymes et Proses de E. P. (Est. Pasquier). *Paris*, *Vincent Sertenas*, 1555, in-8, v. fauve, fil.

« Premier ouvrage d'*Estienne Pasquier*. Je n'en ai jamais vu citer d'autre exemplaire. » E. T.

141. Les Œuvres meslées (en prose et en vers) d'Estienne Pasquier. *Paris*, 1619, in-8, v. fauve, dos orné, fil., tr. dor. (*Petit.*)

Avec un beau portrait de l'auteur, gravé par Th. de Leu.

142. **Quadrins historiques** (en vers françoys, par Cl. Paradin), revuz et augmentez d'un grand nombre de figures. *A Lion*, *Jan de Tournes*, 1555-56, 2 tom. en un vol. in-8, fig. du Petit-Bernard, mar. r., fil. à riches comp., plats à petits fers, tr. dor. (*Capé.*)

Charmante reliure. – Exemplaire de toute beauté.

143. La Tricarite, plus quelques chants, en faveur de pluzieurs Damoêzelles, par C. de Taillemont Lyonoes. *Lyon*, *Jean Temporal*, 1556, in-8, mar. br., fil., tr. dor. (*Thouvenin.*)

Poésies rares remarquables par leur singulière orthographe. Le titre est refait avec une grande habileté.

144. Les Amoureuses Occupations de Guillaume de La Taysson-nière, D. de Chanein, à sçavoir : strambotz, sonetz, chantz, et odes liriques. *A Lyon*, *par Guillaume Rouille*, 1556, front. grav. s. bois, n. rel.

Volume rare. — 2 feuillets raccommodés.

145. La Tragédie d'Agamemnon, avec deux livres de chants de Philosophie et d'Amour, par Charles Toutain A Très Reverend Prélat Mgr Gabriel le Veneur, Evesque d'Evreus. *Paris*, *Martin le Jeune*, 1557, in-4, mar. rouge, fil., tr. dor. (*Anc. reliure.*)

« Ce volume de poésies est de la plus grande rareté. La Croix du Maine ne le connaissait pas. Enfin il ne se trouve pas dans le catalogue des livres qui composaient la bibliothèque du duc de La Vallière. Cet exemplaire était dans la collection de Favart. « E. T. — Quelques feuillets tachés sur la marge extérieure.

146. **LES ODES D'OLIVIER DE MAGNY**, de Cahors en Quercy. *Paris*, *André Wechel*, 1559, in-8, réglé, mar. rouge, fil., tr. dor. (***Trautz-Bauzonnet.***)

Voir Catal. Bancel

Superbe exemplaire à toutes marges. Il est doublement précieux en ce qu'il a été donné par l'auteur lui-même à un de ses amis, ainsi que le constate la mention suivante, écrite sur le titre d'une main du XVIe siècle : « *Donné par Lhauteur* (sic), *de Sainct-Germain*. »

Olivier de Magny, un des meilleurs poëtes de son temps, est aussi un de ceux dont les ouvrages sont le plus difficile à rencontrer.

147. Elégies de Jan Doublet, Dieppoys. *Paris, pour Charles Langelier*, 1559, in-4, mar. rouge, dent. intér., tr. dor. (*Trautz-Bauzonnet.*)

Bel exemplaire réglé, provenant de la collection d'Auffay. Raccommodage au titre. — « J. Doublet est le plus rare peut-être des poëtes du XVIe siècle. On n'en connaît que deux exemplaires : celui-ci et l'exemplaire du duc de La Vallière, qui est à la Bibliothèque de l'Arsenal. » E. T.

148. Le Premier Livre des Odes de Charles de Rouillon. *Anvers, Chr. Plantin*, 1560, in-8, v. fauve, fil., tr. dor.

Poésies des plus rares et dont on ne trouverait peut-être pas un autre exemplaire à Paris. — Exemplaire de Viollet Le duc.

149. Le Pegme de Pierre Coustau, avec les narrations philosophiques, mis de latin en (vers) françoys, par Lanteaume de Romieu, gentilhomme d'Arles. *Lyon, B. Molin*, 1560, in-8, fig. sur bois et encadrements à chaque page, dem.-rel. m. rouge.

150. La Chasse d'Amour, avec les Fables de Narcisse et Cerbère, ausquelles sont ajoustés divers sonetz, par Françoys de Belle-forest, Comingeoys. *Paris, pour Vincent Sertenas*, 1561, in-8, n. rel.

Recueil rare; mais rogné en tête.

151. Orphéide. Œuvre excellent et singulier, contenant plusieurs Chantz Royaux, Ballades, notables inventions et matières d'honneur et vertu. Autheur frère Adrien du Hecquet, de l'ordre des Carmes du couvent d'Arras. *A Anvers, de l'imprimerie d'Amé Tavernier*, *s. d.* (1562), in-8, portr., v. br., fil., tr. dor.

« Livre rarissime. Je ne l'ai trouvé dans aucun catalogue, il n'a passé dans aucune vente, et le seul exemplaire qu'il y en ait à ma connaissance, avec celui-ci, est à la Bibliothèque de l'Arsenal.» E. T. — Ce volume est orné d'un portrait fort curieux de l'auteur.

152. Les Chastes Amours, ensemble les Chansons d'amour de N. Renaud, gentilhomme Provençal. *Paris, Thomas Brumen*, 1567, pet. in-4, réglé, port. gravés s. bois, de Renaud et de Lucrèce sa maîtresse, mar. rouge, fil. à comp., tr. dor. (*Koehler.*)

Un des plus rares poëtes du XVIe siècle. Superbe exemplaire de Charles Nodier. — Cet exemplaire porte sur le titre la signature de Jamet, de Lunéville, et quelques notes de sa main. Il a amplifié le titre « *Les chastes amours* en y ajoutant : (*exprimées très-impudiquement*), etc. »

153. Deux Livres des Venins, par Jacq. Grevin de Clermont en Beauvoisis. *Paris, Chr. Plantin*, 1568. — Les Œuvres de Nicandre, médecin et poëte grec, traduictes en vers françois, par Jacq. Grevin. *Anvers, Plantin*, 1567, in-4, v. br.

154. Les Divines Poésies de Marc Antoine Flaminius, contenantes diverses prières, méditations, hymnes, etc..., mises en françoys, avec plusieurs sonets et cantiques, ou chansons spirituelles pour louer Dieu, à madame Marguerite, sœur du Roy très-chrétien Charles IX (par Anne des Marquetz). *Paris, Nic. Chesneau*, 1568, in-8, v. fauve, fil., dent., tr. dor. (*Ducastin.*)

« Volume très-rare. — Ces poésies sont l'œuvre de la célèbre Anne de Marquetz, qu'a chantée Ronsard. » E. T.

155. Lettres missives et familières d'Estienne Du Tronchet. *Paris, Nicolas du Chemin*, 1569, in-4, dem.-rel., v. fauve.

« Première édition fort rare des *Poésies* de Du Tronchet. Elles n'ont jamais paru qu'ainsi, mêlées aux *Lettres missives*. » E. T. — Mouillé et quelques feuillets raccommodés.

156. Les Œuvres poétiques françoises de Nicolas Ellain, Parisien, 1561-1570, publ. par Ach. Genty. *Paris*, 1861, in-16, br.

157. Les Vrayes Centuries et Prophéties de maistre Michel Nostradamus. *Amst.*, 1668, pet. in-12, front. gravé, dem.-rel.

158. Figures du Nouveau Testament (en vers françois, par Ch. Fontaine). *Paris, H. de Marnef et Guill. Cavellat, s. d.* (*vers* 1570), in-16, fig. s. bois, cart.

159. Les XXI Epistres d'Ovide, trad. par Ch. Fontaine, Parisien. *Lyon, J. de Tournes*, 1573, in-16, fig. s. bois, vél.

160. Imitations de quelques chans de l'Arioste par divers poëtes françoys (Philippe Des Portes, Saint-Gelais, J. Ant. de Baïf, et Loys d'Orléans). *Paris, L. Breyer*, 1572. — Chant XXVIII du Roland furieux d'Arioste, monstrant quelle asseurance on doit avoir aux femmes, trad. en françois à la rigueur des stanzes et de la rime par N. R. P. (Nicolas Rapin, Poitevin). *Paris*, 1572, in-8, v. éc., dent., tr. dor.

Exemplaire de Viollet Le duc.

161. L'Enéide de Virgile, prince des poétes, translatée (en vers françois) par Louis des Masures, Tournisien. *S. L.* (*Paris*), *J. Borel*, 1572, in-8, v. m.

162. Traicté du bien et utilité de la paix, et des maux provenant de la guerre (par Pierre Habert). *Paris, Cl. Micard*, 1570, in-8, n. rel.

163. Le Miroir de Vertu et chemin de bien vivre contenant plusieurs belles histoires et sentences mémorables tant en prose que par quatrains et distiques françois (par Pierre Habert). *Paris, Cl. Micard*, 1575, in-16, vél.

164. Les Œuvres Poétiques de Claude Turrin, Dijonnois, divisé en six livres. Les deux premiers sont d'Elegies amoureuses, et les autres de Sonets, Chansons, Eclogues et Odes. A sa maistresse. *Paris, Jean de Bordeaux*, 1572, in-8, port., v. m., fil.

Poëte rare. Au verso du titre se trouve un beau portrait de Mademoiselle de Saillant, chantée par Cl. Turrin.

165. Œuvres Poétiques de Jean et Jacques de la Taille. *Paris, Fed. Morel*, 1572-1574, in-8, 5 part. en 1 vol., mar. br., fil., milieux ornés, tr. dor. (*Trautz-Bauzonnet.*)

Très-bel exemplaire avec témoins, d'une réunion précieuse et fort rare des pièces originales des deux de la Taille. — Voici l'indication de ces pièces:

Saul le Furieux, tragédie, plus une remonstrance faicte pour le Roy Charles IX, avec hymnes, cartels, épitaphes, anagrammatismes et autres œuvres du mesme autheur. Paris, 1572. — *La Famine ou les Gabeonites, tragédie, ensemble plusieurs autres œuvres poétiques de Jehan de la Taille de Bondaroy, gentilhomme du pays de Beauce, et de feu Jaques de la Taille, son frère. Paris*, 1574. — *Daire, tragédie de feu Jacques de la Taille. Paris*, 1574. — *Alexandre, tragédie de Jacques de la Taille. Paris*, 1573. — *La Manière de faire des vers en françois, comme en grec et en latin, par feu Jaques de la Taille. Paris*, 1573. — L'exemplaire, comme nous avons dit plus haut, est des plus grands, mais le dernier opuscule qui se trouvait plus court a été remonté pour être mis à la hauteur du reste du volume.

166. La Bergerie de R. Belleau, divisée en une première et seconde journée. *Paris, Gilles Gilles*, 1572, in-8, v. fauve.

Edition originale. — Exemplaire réglé et fort beau.

167. Les Œuvres poétiques de Remy Belleau. *Paris, Mamert Patisson*, 1578, 2 tom. en un vol. in-12, m. v.

168. Les Œuvres poétiques de Remy Belleau. *Paris, Mamert Patisson*, 1585, 2 tom. en un vol. in-12, mar. r., fil., dos orné, tr. dor. (*Hardy.*)

169. Les Œuvres poétiques de Remy Belleau. *Paris, Gilles Gilles*, 1585, 2 tom. en un vol. in-12, dem.-rel., mar. r., tr. dor.

170. La Camille de Pierre Boton, Masconnois, ensemble les resveries et discours d'un amant désespéré. *Paris, J. Ruelle*, 1573, in-8; mar. vert, fil., tr. dor. (*Niédrée*). Voir Catal. Bancel,

Exemplaire de M. de Chaponay.

171. Les Trois Visions de Childeric, quatriesme roy de France, Pronostics des guerres civiles de ce royaume, et la Prophétie de Basine, sa femme, sur les victoires et conquestes de Henry de Bourbon, roy de France et de Navarre, etc... (par P. Boton). *Paris*, 1595, in-8, v. fil.

172. Les Poésies de Jacques Tahureau du Mans. *Paris, J. Ruelle*, 1574, in-8, v. gran.

Exemplaire de Monmerqué, grand de marges, mais avec un raccommodage au titre.

173. Les Premières Œuvres de Philippe Des Portes. *Paris, Robert Estienne,* 1573, in-4, mar. rouge, dent. int., tr. dor. (*Hardy*).

Edition originale des poésies de Des Portes.

174. Les Premières Œuvres de Philippe Des Portes. *Paris, Mamert Patisson,* 1581, in-12, bas.

175. Les Premières Œuvres de Philippe Des Portes. *Paris, Mamert Patisson,* 1587, in-12, réglé, mar. v., fil., tr. dor.

176. LES PREMIÈRES ŒUVRES DE PHILIPPE DES PORTES. *Paris, Mamert Patisson,* 1600, in-8, mar. rouge, dos orné, fil., tr. dor. (*Anc. rel.*)

Exemplaire réglé, ayant appartenu à *Pixerécourt* et à *Ch. Nodier*. Il porte sur la garde une note de la main de ce dernier. « Ce volume est très-précieux, car il contient une foule de notes marginales manuscrites de la main de Saint-Marc, copiées par lui sur un Desportes annoté par Malherbe. L'exemplaire de Malherbe a disparu, ce qui donne une grande valeur aux notes de Saint-Marc. Cet annotateur en a inséré quelques-unes dans son édition de Malherbe parue en 1757, mais il serait à désirer qu'on publiât en entier le Desportes, ainsi commenté, l'extrait qu'en a donné Saint-Marc étant insuffisant. »

177. Les Œuvres de Philippe Des Portes. *Rouen,* 1611, in-12, titr. grav., portr. aj., mar. rouge, tr., dor.

177 *bis*. Les CL Psaumes de David, mis en vers françois par Philippe Des Portes. *Paris, Ve Mamert Patisson,* 1604, in-12, vél.

178. La Vie, faictz, passion, mort, résurrection et ascension de nostre Seigneur Iesus Christ selon les quatre sainctz Evangelistes (poëme en 8 livres)... par Michel Foucqué prestre et vicaire perpétuel de Sainct Martin à Tours. *Paris, Jeh. Bien né,* 1574, in-8, mar. br., tr. dor. (*Trautz-Bauzonnet*).

Ouvrage rare. — Bel exemplaire de M. de Chaponay.

179. Poëmes chrestiens de B. de Montmeja et autres divers auteurs, recueillis et nouvellement mis en lumière par Philippe de Pas. *S. l.* (*Genève*), 1574, in-8, mar. bleu, tr. dor. (*Thompson.*)

Outre les poëmes de Montméja, ce recueil contient des vers de Théod. de Bèze, Simon Goulard et autres poëtes protestants. — Quelques feuillets rognés en tête.

180. Les Poëmes de Pierre de Brach, Bourdelois, divisés en trois livres. *A Bourdeaux, par Simon Millanges,* 1576, in-4, mar. r. à compart., fil., tr. dor.

Volume rare. « C'était un écrivain correct, un versificateur élégant et harmonieux, bien supérieur sous ce rapport à tous les poëtes ses contemporains. » (*Viollet-Le Duc.*)

181. Quatre Chants de la Hierusalem de Torquato Tasso, par Pierre de Brach, sieur de la Motte Montussan. *Paris, Abel l'Angelier*, 1596, in-8, dem.-rel.

Avec un beau portrait de P. de Brach, gravé par Thomas de Leu. — Exemplaire de Viollet-Le Duc.

182. Six Livres du second advénement de Nostre Seigneur (en vers), par Jacques de Billy. *Paris, Guill. Chaudière*, 1576, in-8, vél.

183. Sonnets spirituels recueillis pour la pluspart des anciens théologiens, par M. Jaques de Billy, abbé de S. Michel en l'Her. *Paris, N. Chesneau et J. Poupy*, 1577, in-16, v. m.

184. Perles d'Eslite recueillies de l'infini thrésor des cent cinquante pseaumes de David, traduit d'italien en françois par l'auteur. *S. l.* (*Genève*) *par Jean de Laon*, 1577, in-8, v. jaspé, fil.

Exemplaire de Viollet-Le Duc.—« Ce livre, fort rare, est de François Perrot; il avait déjà publié ses psaumes en italien en 1576. » E. T.

185. Les Œuvres de Jan de la Peruse, avec quelques autres diverses poesies de Cl. Binet B. (Beauvoisin). *Lyon, B. Rigaud*, 1577, in-16, dem.-rel., tr. dor.

186. Les Plaisirs de la vie rustique et solitaire, par Cl. B. (Claude Binet). *Paris, veuve Lucas Breyer*, 1583, pet. in-12, réglé, vél. bl. (*Rare.*)

187. La Grasinde de Jean de la Gessée. *Paris, Galliot Corrozet*, 1578, in-4, n. rel.

Très-bel exemplaire de Haillet de Couronne.—Rempli de témoins. Très-rare.

188. La Charidème ou du Mespris de la mort, avec plusieurs vers chrestiens, contenant les louanges de Dieu et quelques tetrastiques ou quadrains esquelz sont compris divers préceptes de bien vivre, par Jean Le Frère, natif de Laval. *Paris, N. Chesneau*, 1579, in-8, mar. bleu, fil., tr. dor. (*Boutigny.*)

« Poëte très-rare, il n'a passé dans aucune vente de notre époque. On trouve dans ce volume des vers de Jean Dorat, de Baïf et de Le Masle. » E. T.

189 Les Œuvres et Meslanges poëtiques de Pierre Le Loyer Angevin, ensemble la comédie Nephelococugie ou la nuée des cocus non moins docte que facétieuse. *Paris, J. Poupy*, 1579, in-12, mar. r., fil., tr. dor. (*Derome.*)

Volume fort rare. C'est le recueil le plus complet des poésies de l'auteur, et le seul dans lequel se trouve la *Néphelococugie*. — Titre doublé. Joli exemplaire de M. de Chaponay.

190. Les OEuvres de Claude de Pontoux, gentilhomme Chalonnois, docteur en médecine. *Lyon, Ben. Rigaud*, 1579, in-16, mar. bleu, fil., tr. dor. (*Capé.*)

Ce volume rare se compose de 300 sonnets consacrés à la louange de l'*Idée*, nom sous lequel Pontoux désigne sa maîtresse On y trouve en outre un *chant poëtique...* sur l'entrée à Paris de Charles IX et d'Elisabeth d'Autriche en 1571; une élégie sur le trépas de Madame Isabelle de France, royne d'Espagne, etc.
Bel exemplaire.

191. Satyres chrestienes de la cuisine papale (par P. Virel). *Genève*, 1857, in-8, pap. de Holl., br.

Réimpression à petit nombre, fort bien exécutée.

192. Les Epithètes de M. de la Porte, Parisien, livre non seulement utile à ceux qui font profession de la poësie, mais fort propre aussi pour illustrer toute autre composition françoise. *Paris, Gabr. Buon*, 1580, in-16, dem.-rel.

193. L'Arioste françoes de Jean de Boessiere, de Montferrand an Auvernie. *Lyon, Thibault Ancelin*, 1580, in-8, v. br.

Titre doublé et raccommodé.

194. Les OEuvres poétiques de Iaques de Courtin de Cissé, gentilhomme Percheron. *Paris, Gilles Beys*, 1591, in-12, mar. cit., fil., tr. dor. (*Trautz-Bauzonnet.*)

Très-bel exemplaire du comte Alfr. d'Auffay. — Ce volume est suivi des *Hymnes de Synèse Cyrénéan*, traduits par le même. *Paris*, 1591.

195. Les Premières OEuvres poétiques de madamoiselle Marie de Romieu Vivaroise. *Paris, Lucas Breyer*, 1581, in-12, mar. r., fil., tr. dor. (*Niédrée.*)

Voir Catal. Bancel,

Volume rare.

196. La Galliade, ou de la Révolution des arts et sciences, par Guy Le Fèvre de la Boderie. *Paris, Guill. Chaudière*, 1582, in-4, v. marbr., fil.

197. Les Larmes et Souspirs de Jean Marie de Chavigny Beaunois, sur le trespas tres regretté de M. Antoine Fiancé Bizontin. *Paris, Est. Prevosteau*, 1582, pet. in-8, n. rel.

198. Figures de la Bible déclarées par stances, par G. C. T. (Gabriel Chappuys, Tourangeau). *Lyon, B. Honorati.* (*Imprimé par Basile Bouquet*), 1582, in-8, fig. sur bois de J. Moni, v. fauve, fil., tr. dor. (*Thouvenin.*)

Exemplaire Hebbelynck.

199. Nouvelles OEuvres de Jean Edouard Du Monin, poëte, philosophe, contenant discours, hymnes, odes, amours, élégies et épigrammes. *Paris, J. Parant*, 1582, in-12, portr., vél.

Volume rare, où se trouvent les curieuses amours de Du Monin avec sa *Rondelette*.

200. L'Uranologie, ou le Ciel de Jan Edouard du Monin. *Paris, Guill. Julien*, 1583, in-12, cart.

201. Le Phœnix de Jan Edouard du Monin. *Paris, Guill. Bichon*, 1585, in-12, parch.

202. La Colombière et Maison Rustique de Philibert Hegemon, de Châlon-sur-Saône. L'Abeille Françoise du même autheur. Les Fables morales et autres poësies. Et les Louanges de la Vie rustique, extraites des OEuvres de G. de Saluste, sieur du Bartas. *Paris, Robert Le Fizelier*, 1583, in-8, mar. vert, fil., tr. dor. (*Bauzonnet-Trautz.*)

Bel exemplaire aux armes du marquis de Coislin, ayant aussi appartenu à Huzard, de l'Institut.

203. Les Premières OEuvres poétiques de Joachim Blanchon. *Paris, Th. Perier*, 1583, in-8, portr., cart.

Avec l'*ex-libris* du *marquis d'Aubais*.

204. Les OEuvres poétiques de Pierre de Cornu, Dauphinois, contenant sonnets, chansons, odes, discours, éclogues, stances, épitaphes et autres diverses poésies. *Lyon, J. Huguetan*, 1583, in-8, mar. r., fil. à comp., doublé de mar. bl., dent. intér., tr. dor. (*Bruyère.*) Voir Catal. Bancel ;

Bel exemplaire d'un volume fort rare, provenant de la bibliothèque de M. de Chaponay.

205. Les Trois Premiers Livres de la Santé, par M. Gerard François, docteur en médecine. *Paris, J. Richer*, 1583, in-16, mar. vert, fil., tr. dor. (*Anc. reliure.*)

206. De la Maladie du grand corps de la France, des causes et première origine de son mal et des remèdes pour le recouvrement de sa santé, au Roy, par Gerard François, médecin de Sa Majesté. *Paris, Jamet Mettayer*, 1595, in-8, v. éc., dent., tr. dor.

207. Les OEuvres poëtiques de Guill. du Buys, Quercinois. *Paris J. Fevrier*, 1583, in-12, mar. citron, fil., tr. dor. (*Thompson.*)

Exemplaire de MM. Solar et de Chaponay.

208. La Génération de l'homme et le temple de l'âme, avec autres œuvres poëtiques extraittes de l'Esculape de René Bretonnayau, médecin, natif de Vernantes en Anjou. *Paris, Abel l'Angelier*, 1583, in-4, v. br.

Exemplaire de Viollet-Le-Duc.— « Bretonnayau était poëte... il est peintre. Son style est presque toujours animé, coloré de manière à tromper le dégoût que pourraient faire naître certains détails... dans lesquels entre sans scrupule l'auteur du poëme de la Génération. » (*Viollet-Leduc.*)

209. Les Appréhensions spirituelles, Poëmes et autres œuvres philosophiques par F. B. (Béroalde) de Verville. *Paris, Tim. Jouan*, 1584. — Les Souspirs amoureux de F. B. de Verville. *Paris*, 1583, in-12, bas. (*Mouillé.*)

210. Le Decez ou fin du Monde, par G. de Chevalier, divisé en trois visions. *Paris, R. le Fizelier*, 1584, in-4, cart. (*Rare.*)

211. Les Premières OEuvres poëtiques de Flaminio de Birague. *Paris, Th. Perier*, 1585, in-12, portr., mar. r., fil., tr. dor. (*Anc. reliure.*)

Poésies rares.

212. Les trois livres des Météores avecques autres œuvres poëtiques (par Isaac Habert). *Paris, J. Richer*, 1585, in-12, v. fauve. (*Anc. reliure.*)

213. Les XXIIII Livres de l'Iliade d'Homère, traduicts en vers françois. Les XI premiers par Hugues Salel, et les XIII derniers, par Amadis Jamyn, avec les trois premiers livres de l'Odissée. *Paris, Abel l'Angelier*, 1599, in-12, d.-rel.

214. Joannis Aurati Lemovicis Poëmata (avec les poésies françoises du même Jean Dorat). *Lutetiæ-Parisior.*, 1586, in-8, portr., vél.

215. Douze Fables de fleuves ou fontaines avec la description pour la peinture et les épigrammes par P. D. T. (Ponthus de Thyard). *Paris, J. Richer*, 1586, in-12, mar. r., fil., tr. dor., dos orné. (*Duru.*)

Charmant exemplaire.

216. Perse en vers francoys, par Guillaume Durand, conseiller du Roy à Senlis. *Paris, D. Du Pré*, 1586, in-8, v. fauve. (*Anc. reliure.*)

217. Le Criton de Platon, translaté de grec en françois, et enrichy d'annotations, par Jean le Masle, Angevin, avec la Vie de Platon mise en vers françois, par ledit le Masle. *Paris, G. Bichon*, 1586, in-4, mar. r. à comp., fil., dent. int., tr. dor.

Exemplaire de Crozet. Le relieur a placé la *Vie de Platon* en tête, tandis que suivant la pagination elle devrait se trouver après *le Criton*.

218. Les Premières OEuvres de mesdames Des Roches de Poitiers, mère et fille, augmentées de six dialogues, avec une tragicomédie de Tobie et autres OEuvres poëtiques. *Rouen, Rob. Féron*, 1604. — Secondes œuvres de mesdames Des Roches. *Ibid.*, 1604, 2 tom. en un vol. pet. in-12, v. fauve.

219. Les sept livres des honnestes loisirs de M. de la Motte Messemé, plus un meslange de divers poëmes. *Paris, Marc Orry,* 1587, pet. in-12, d.-rel.

« Curieux et rare ouvrage. — Les deux titres sont dans cet exemplaire. » E. T. — L'exemplaire est piqué et raccommodé dans le coin de la marge du haut.

220. Les Premières Œuvres poëtiques chrestiennes et spirituelles de Olenix du Mont-Sacré, gentil-homme du Maine (Nic. de Montreux), divisées en sonnets en forme d'oraisons, en plaintes chrestiennes et sonnets moraulx. *Paris, Gilles Beys,* 1587. — Jésus Crucifié, poëme de N. Frenicle. *Paris,* 1636, pet. in-12, v.

221. Les Œuvres poetiques de Marc Claude de Buttet, Savoisien. *Paris,* 1588, in-8, v. br.

« Livre extrêmement rare, à peine y en a-t-il quelques exemplaires « connus. Ce volume est le recueil le plus complet qu'il y ait des « œuvres de Claude Buttet. » E. T. — Quelques feuillets atteints en tête. — Ce sont presque tous des vers de circonstance, inspirés par les événements : mariages, morts, naissances, arrivés à la cour d'Em. Philibert, duc de Savoie.

222. Trois centuries de sonnets, par François Perrin, Autunois ..... avec les antiquitez de plusieurs citez memorables et nommément d'Autun. *Paris, Guill. Chaudière,* 1588, in-8, mar. bleu, fil., tr. dor. (*Kœhler.*) Voir Catal. Bancel,

Bel exemplaire de Charles Nodier, avec son « *Ex Musæo,* » et depuis de M. de Chaponay.

223. Les Œuvres poetiques de Ian de Vitel, Avranchois, contenans l'hymne de Pallas, la prinse du Mont Sainct-Michel, discours, odes, élégies, etc..... *Paris, Est. Prevosteau,* 1588, in-12, réglé, vél., fil., tr. dor. Voir Catal. Bancel,

« Poète rarissime. M. Ed. Frère, dans sa Bibliographie normande, dit qu'il n'y a que trois exemplaires connus des poésies de Vitel. » E. T. — Exemplaire de la collection d'Auffay, très-grand de marges, avec témoins ; le feuillet 196 qui manquait a été pris à un exemplaire plus court et le feuillet 197 est atteint d'une cassure très-réparable.

224. Devotes Meditations chrestiennes, par M. Dorron, maistre des Requestes du Roy, et depuis mises en vers françois, par Baptiste Badere, Parisien. *Paris,* 1588, in-12, mar. n., fil., tr. dor. (*Rare.*)

225. Les Œuvres de Q. Horace Flacce, latin et françois. De la traduction de Robert et Antoine le Chevallier d'Agneaux, frères, de Vire, en Normandie. *Paris, Auvray,* 1588, in-8, v. fauve.

Exemplaire réglé, de la bibliothèque de *Crozat.*

226. Le Psaultier de David, torné en prose mesurée ou vers libres, par Blaise de Vigenère, Bourbonnois. *Paris, Abel l'Angelier,* 1588, in-8, d.-rel.

227. Le Psaultier de David, torné en prose mesurée ou vers libres, par Blaise de Vigenère. *Paris, Abel l'Angelier*, 1588, in-8, fig., v. br.

228. Le Miroir d'Eternité comprenant les sept ages du monde... par Robert Le Rocquez de Carenten en Normandie. *Caën, P. Le Chandelier*, 1589, in-8, vél. (*Rare.*)

229. Imitations tirées du latin de Jean Bonnefons, avec autres amours et meslanges poëtiques de l'invention de l'autheur (par Gilles Durand de la Bergerie). *Paris, Abel l'Angelier*, 1589, in-12, cart.

230. Joannis Bonefonii Patris, Arverni, opera omnia, avec les imitations françoises de Gilles Durant. *Amst.*, 1767, in-12, d.-rel.

231. Les Œuvres poëtiques du S[r] (Gilles Durant) de la Bergerie, avec les imitations tirées du latin de J. Bonnefons. *Paris, Abel l'Angelier*, 1594, in-12, v. br.

Edition très-rare, la seule complète des poésies de Gilles Durant. Il manque à cet exemplaire les *Imitations de Bonnefons*, annoncées sur le titre et dont il existe de nombreuses éditions. La partie comprise ici et qui forme plus de la moitié de l'ouvrage ne se trouve nulle part ailleurs.

232. Les Œuvres (poétiques) de Scevole de Sainte-Marthe. *Paris*, 1629. — Scœvolæ Sammarthani Quæstoris Franciæ Tumulus. *Lutetiæ-Paris*, 1630, ensemble 2 ouvr. en 1 vol. in-4, chagr.

233. Le Plaisir des Champs, divisé en quatre livres, par Claude Gauchet, Dampmartinois, reveu, corrigé et augmenté d'un devis entre le chasseur et le citadin, par lequel on cognoist tout ce qui appartient tant au mesnage du gentilhomme champestre que du paisant, avec l'instruction de la vénerie, volerie et pescherie... *Paris, Abel l'Angelier*, 1604, in-4, v. marbr.

Seconde édition, plus complète que celle de 1583. Rare. Exemplaire du Roure et de Chaponay.

234. Les Quatrains du Sr de Pybrac, avec les quatrains du président Favre. *Charenton, L. Vendosme*, 1674, in-8, parch.

235. Première Sepmaine ou Création du monde, de G. de Saluste, Sr du Bartas. *Rouen, R. du Petit Val*, 1616, in-12, dem.-rel.

236. La Seconde Sepmaine de Guillaume de Saluste, Sr du Bartas. *S. l. (Genève), Jacq. Chouët*, 1601, in-12, dem.-rel.

237. Les Œuvres poétiques de Saluste, Sr du Bartas. *Rouen*, 1616, in-12, mar. vert, tr. dor.

238. Les Œuvres latines et françoises de Nicolas Rapin, Poictevin. *Paris, P. Chevalier,* 1616, in-4, dem.-rel.

Bel exemplaire de Viollet-Leduc.

239. Anthologie ou Recueil des plus beaux épigrammes grecs pris et choisis de l'Anthologie grecque, mis en vers françois, par Pierre Tamisier. *Lyon, J. Pillehotte,* 1589, in-8, v. marbr.

240. Cantiques, hymnes et prières des saincts pères, patriarches, prophètes, roys et personnes illustres du Vieil et Nouveau-Testament, mis en vers françois, par Pierre Tamisier, président en l'Élection de Masconnois. *Lyon, Ben Rigaud,* 1590, in-16, v. fauve.

241. La Saincte Poësie par centurie, traictant des principaux devoirs de l'homme chrestien durant ceste vie, en quatrains françois, par F. Anselme du Chastel, Célestin. *Paris, G. Chaudière,* 1590, in-8, maroq. rouge, fil., ornements sur les plats, tr. dor.

« Poëte fort rare. » E. T. — Grandes marges, mais avec quelques raccommodages au commencement et à la fin.

242. Cantique faict à l'honneur de Dieu, par Henry de Bourbon, IVe de ce nom, après la bataille obtenue sur les ligueurs en la plaine d'Ivry, le 14 de mars 1591. *Lyon, L. Perrin,* 1863, broch. pet. in-8.

Tiré à 70 exemplaires.

243. Les Cantiques du sieur de Valagre et les Cantiques du sieur de Maizon-Fleur. *Tours,* 1592, in-12, cart.

244. Les Essais poëtiques de Guill. Du Peyrat, gentilhomme Lyonnois. *Tours, Jamet Mettayer,* 1593, in-12, mar. bl., fil., tr. dor. (*Koehler.*)

Bel exemplaire de Ch. Nodier et de M. de Chaponay.

245. Le Grand Miroir (en vers) du monde, par Joseph Duchesne, sieur de la Violette. *Lyon, héritiers d'Eust. Vignon,* 1593, in-8, mar. r., fil., tr. dor. (*Bruyère.*)

« Cet exemplaire contient une pièce de vers *inédite et autographe* de J. Duchesne, adressée à *Monsieur de Vic, conseiller du Roy en son conseil d'Estat et ambassadeur pour Sa Majesté au pais des Ligues.* » — Au bas du titre on lit cette note : « *Donné par l'autheur le* ve *octobre* 1601 *estant à Soleurre en Suisse.* »

246. La Henriade et la Loyssée de Séb. Garnier. *Sur la copie imprimée à Blois en* 1594 *et* 1595. *Paris,* 1770, in-8, veau mar. br.

247. Le Mespris de la vie et Consolation contre la mort, par J. Bapt. Chassignet, Besançonnois. *Besançon, N. de Moingesse,* 1594, pet. in-12, v. gran.

Volume des plus rares.

248. Tableaux sacrez de Paul Perrot, Sr de la Sale, qui sont toutes les histoires du Viel Testament, représentées et exposées selon leur sens en poésie françoise. *Francfort, Jean Feyrabendt,* 1594, in-8, fig. s. bois, dérel.

Volume orné de jolies figures sur bois, gravées par J. Amman.

249. Les Proverbes de Salomon et l'Ecclésiaste, mis en vers françois, par Paul Perrot, Sr de la Sale. *Paris, M. Guillemot,* 1602, in-12, v. m., fil., tr. dor.

250. Sommaire de la Doctrine chrestienne, mis en vers françois avec les Hymnes et Odes spirituelles qu'on chante devant, et après la leçon d'icelle, par Michel Coyssard. *Lyon,* 1594. — Les Hymnes sacrez et Odes spirituelles pour chanter devant et après la leçon du catechisme, par le même. *Lyon,* 1594. — discours de l'utilité que toute personne tire de chanter en la Doctrine chrestienne, et ailleurs, les Hymnes et Chansons spirituelles en vulgaire : et du mal qu'apportent les lascives et heretiques, controuvées de Sathan. In-12, dem.-rel.

La dernière pièce est datée d'*Avignon, en nostre collége, cet huictiesme septembre* 1597.

251. La Délivrance de Hiérusalem, mise en vers françois, par Jean du Vignau, Sr de Warmont Bourdelois. *Paris, M. Guillemot* (1595), in-12, front. gravé, v. rac., dent. (*Rare.*)

252. Les Premières Œuvres du Sr de la Roque de Clermont en Beauvoisis. *Rouen, Raph. du Petit Val,* 1596. — Les Amours de Caristée, par le Sr de la Roque. *Rouen,* 1595. — Continuation de l'Angelique d'Arioste, par le Sr de la Roque. *Rouen,* 1595. — Les Heureuses Amours de Cloridan, par le Sr de la Roque. *Rouen,* 1594, pet. in-12, cart.

253. Les Œuvres du sieur de La Roque de Clairmont en Beauvoisis. *Paris, Cl. de Monstr'œil,* 1609, in-12, réglé, v.

254. Les Œuvres poétiques d'André de Rivaudeau, gentilhomme du Bas-Poitou, nouvelle édition publiée et annotée par C. Mourain de Sourdeval. *Paris, Aubry,* 1859, in-8, pap. vergé, dem.-rel., dos et coins de maroq. rouge, dor. en tête, non rogné.

Belle édition, tirée à petit nombre.

255. Polymnie, du vray amour et de la mort, avec quelques stances et quatrains spirituelz, par Jaques Doremet, Vendômois. *Paris, Nic. Gilles,* 1596, in-12, v., fil.

256. La Dernière Semaine, ou Consommation du monde, par M. Q. (Michel Quillian), sieur de la Tousche, Breton. *Paris, Fr. Huby,* 1596, in-12, v. br.

257. Discours (en vers) de l'unique amour d'Hipolite, avec la continuation, par la mesme demoyselle. *Paris, Raph. du Petit Val*, 1596, in-12, cart.

258. Denys Alexandrin, de la Situation du Monde, nouvellement traduit de grec en (vers) françois, par Benigne Saumaize, *Paris*, 1597, in-12, vél. (Piqûres.)

259. Les Premières Œuvres poétiques du capitaine Lasphrise à César Monsieur. *Paris, J. Gesselin*, 1597, in-12, portr., bas.

Première édition de ces poésies fort rares. Avec le portrait du capitaine Lasphrise, gravé par Thomas de Leu, qui manque souvent. — Les 2 feuillets d'errata manquent.

260. Les Loyales et Pudiques Amours de Scalion de Virbluneau. *Paris*, 1599, in-12, v.

Très-rare. — Manque le titre et 2 gravures et, de plus, en très-mauvais état.

261. Le Contr' Empire des Sciences et le Mystère des Asnes, P. P. P. P., avec un paysage poëtic sur autres divers subjets, par le mesme autheur. *A Lyon, de l'impression de Françoys Aubry, à l'enseigne de l'Asne bardé*, 1599, in-12, dem.-rel.

262. Les Premières Œuvres poëtiques de Jehan Grisel, Rouennois. *Rouen, R. du Petit-Val*, 1599, in-12, v. fauv., fil., tr. dor. (*Thouvenin.*)

Volume rare.

263. Trois Opuscules poëtiques de M. Julien Peleus, advocat en Parlement, à M. le Vidame du Mans. *Paris, Denis Binet*, 1600, in-12, v. éc., dent.

Bel exemplaire de Viollet-Leduc.

264. Le Jardinet de Poésie, par C. D. G. (Christophe de Gamon.) *Lyon, Cl. Morillon*, 1600, in-12, mar. v., fil. à comp., tr. dor.

265. La Semaine ou Création du monde, du Sr Christofle de Gamon contre celle du Sr du Bartas. *Lyon, Cl. Morillon*, 1610, in-12, v. m.

266. Commentaires de Henri de Linthaut, Sr de Mont-Lion, sur le Trésor des Trésors de Christofle de Gamon. *Lyon, Cl. Morillon*, 1610, in-12, vél.

267. Le Pétrarque en rime françoise avecq ses commentaires, traduit (en vers françois), par Philippe de Maldeghem, Sr de Leyschot. *Bruxelles, Rutger Velpius*, 1600, in-8, v. m.

268. Recueil des Œuvres poëtiques de J. Bertaut, abbé d'Aunay. *Paris, Mamert Patisson*, 1601, in-8, dem.-rel.

Exemplaire du président *Bouhier*, avec sa signature au haut du titre.

269. Les Œuvres poëtiques de Mr Bertaut, evesque de Sées, abbé d'Aunay. *Paris, T. Du Bray*, 1620, in-8, v. fauv. (*Anc. rel.*)

Exemplaire du prince Eugène de Savoie. — Piqûre raccommodée au commencement, dans la marge du bas.

270. Le Premier Livre des Poemes de Jean Passerat. *Paris, Mamert Patisson*, 1602, in-8, portr. aj., dem.-rel.

Dans le même volume : *Jacobi Mosanti Briosii Poemata. Cadomi, Joa. Cavelier*, 1663.

271. Recueil des Œuvres poëtiques de Jan Passerat. *Paris, Abel l'Angelier*, 1606, in-8, portr., non rel.

Léger raccommodage au dernier feuillet. — Grand de marges.

272. Pour la monarchie de ce royaume contre la division, par Jean Vauquelin, sieur de la Fresnaye (1536-1607), publ. par A. Genty. *Paris*, 1862, in-16, br.

273. Les Fleurettes du premier mellange de N. Le Digne, Sr de l'Espine-Fontenay, rassemblées par A. de La Forest de l'Espine-Fontenay, escuyer, Sr du Plessis. *Paris, Jér. Périer*, 1601, in-12, mar. bleu, fil., tr. dor. (*Duru.*)

Voir Catal. Bancel,

Joli exemplaire d'un volume rare qui provient des biblioth. Duplessis et Ch***.

274. Les Poëmes de Messire Claude Expilly, conseiller du Roy et prezident au Parlement de Grenoble. *Grenoble, P. Verdier*, 1624, in-4, v. fauve, fil., tr. dor. (*Anc. reliure.*)

Bel exemplaire avec un *ex-dono* de l'auteur. — Le dernier feuillet est remonté. C'est l'édition la plus complète des poésies de Cl. d'Expilly. A la fin se trouve un supplément à la vie de Bayard écrite par le *loyal serviteur*.

275. L'Heptaméron de la Navarride, ou Histoire entière du royaume de Navarre (en vers), par le Sr de la Palme (Palma-Cayet). *Paris, P. Portier*, 1602, in-12, parch.

276. Les Travaux sans travail de Pierre Davity, natif de Tournon en Vivaroys. Avec le tombeau de madame la duchesse de Beaufort, faict par le mesme. *Paris, G. Robinot*, 1602, in-12, mar. br., fil. à fr.

277. Les Adventures de la France de Jean Heudon, Parisien. *Paris, P. Bonfons*, 1602, in-12, mar. viol., fil.

278. Poëme des Misères de ce tems, exhortant les François à se maintenir en l'obéissance de Sa Majesté, par Cl. Garnier, Parisien. *Paris*, 1602, pet. in-4, n. rel.

279. Meslange de poesie, par C. Hopil. *Paris, Julliot*, 1603. — Les Œuvres chrestiennes de Claude Hopil, Parisien, avec un Meslange de poesie. *Paris, Guillemot*, 1603; ensemb. 2 ouvr. en 1 vol. in-8, v. m., fil.

Piq. dans le 2e recueil.

280. Les Œuvres chrestiennes d'Anthoine La Puiade, conseiller et secretaire des finances de la Reyne Marguerite, contenant les trois livres de la Christiade et autres poëmes et vers chrestiens. *Paris, Rob. Fouet*, 1604, in-12, front. gravé par de Mallery, mar. br., fil., tr. dor. (*Capé.*)

281. L'Odyssée d'Homere, de la version de Salomon Certon. *Paris, Abel l'Angelier*, 1604, titr. grav., vél.

Traduction en vers français. Bel exemplaire.

282. Eloge de la Reyne Mère du Roy, vers héroïques, par A. Bauduyn, sieur de La Neufville. *Paris*, 1604, br. in-4 de 12 pag.

283. La Franciade de Pierre De Laudun, Sr d'Aigaliers. *Paris, Anth. du Brueil*, 1664, in-12, bas.

284. Bible de Noelz, partie desquelz ont esté recueilliz de divers autheurs et composez par Charles De Noual. 1605, in-4, obl., parch.

CURIEUX MANUSCRIT DU XVIIe SIÈCLE. — Le volume est fatigué.

285. Les Essais poëtiques du sieur de Nervèze. *Paris, Touss. Du Bray*, 1605, in-12, v. fauve, fil., tr. dor. (*Aux armes de Lefévre d'Ormesson.*)

286. Poesies profanes de Claude de Morenne, évêque de Séez (1601-1606), publ. et annotées par L. Duhamel. *Caen*, 1864, in-12, pap. de Holl., br.

Tiré à 200 exemplaires.

287. Paraphrase de la prose des morts, par Coëffeteau. *Nantes, Luc Gobert*, 1606. — Paraphrase de M. Coëffeteau sur la prose du Saint-Sacrement de l'Autel. *Paris, F. Huby*, 1606. — 2 pièces pet. in-8, cart.

288. La Défaite d'Amour et autres œuvres poëtiques, de V. D. S. de la Menor. *Paris, T. Du Bray*, 1606, in-12.

Première édition des poésies de d'Audiguier sous le pseudonyme de la Menor. — D'Audiguier fut assassiné en 1624 dans un tripot à la suite d'une querelle de jeu. (Colletet.)

289. Les Œuvres poetiques du Sr de la Vallettrye, à Mgr de Rosny. *Paris, Est. Vallet*, 1602, in-12, v. fauve.

Il y a de jolis vers, quoique parfois fort libres, dans ces poésies rares et recherchées.

290. Le Grand Tombeau du monde, ou Jugement final, desparty en six livres, par Jude Serclier, chanoine régulier de Sainct-Ruf (de Valence). *Lyon, J. Pillehotte*, 1606, in-8, vél.

Poëme des plus bizarres. La dédicace est surtout curieuse. L'auteur l'adresse à *très-haute, très-puissante... dame, la sacrée Vierge Marie... imperiere du ciel...*, et il la termine ainsi : *De votre Majesté, le vil et abject vermisseau*, J. SERCLIER.

291. Le Parnasse des plus excellens poëtes de ce temps (publ. par Despinelle). *Paris*, 1607, in-12, v.

292. L'A bany du françois et le Passe-Partout des Pères Jésuites, le tout apporté d'Italie, par le docteur de Palestine (en vers et en prose). *S. l.*, 1607, 2 part. en un vol. in-8, v. br.

293. Les Devises des Empereurs Romains, avec les expositions d'icelles par quatrains, par Jaques Le Vasseur, archidiacre de Noyon. *Paris, Fl. Bouriquant*, 1608. — Le Bocage de Jossigny où est compris le Verger des Vierges, par Jacq. Le Vasseur. *Paris*, 1608, in-8, v. gran.

294. Le Miroir de l'Amour divin divisé en trois livres, par Pierre Decroix, seigneur de Trietre, gentilhomme Lillois. *Douay*, 1608, in-12, cart.

295. Sidère, pastorelle, de l'invention du S[r] d'Ambillou, plus les Amours de Sidère, de Pasithée et autres poësies du mesme autheur. *Paris, Rob. Estienne*, 1609, in-8, v. fauve, fil., tr. dor. (*Anc. reliure.*)

Exemplaire de Soleinne.

296. L'Amphithéâtre pastoral, ou le sacré trophée de la Fleur-de-Lys, triomphante de l'ambition espagnole, poëme bocager, de l'invention de P. du Pescher, Parisien. *Paris, Abr. Saugrain*, 1609, in-12, v. fauve, fil., tr. dor. (*Petit.*)

« Poëte fort rare et dont La Vallière fait l'éloge ainsi qu'une longue analyse dans sa *Bibliothèque*. — Je n'en ai jamais vu que deux exemplaires ; celui-ci et l'exemplaire de Soleinne qui passa ensuite dans la collection de M. Solar. » E. T.

297. Le Vieil Papiste. *S. l.*, 1609-1610, 2 part. en un vol. in-8, cart.

Ces poésies sont de Claveson, « chevalier de l'ordre du roy et sous-lieutenant de S. M. es terres et seigneuries de Claveson, Hostun, Mercurol et Mureil. » C'est un recueil de sonnets, dans lesquels l'auteur, zélé catholique, combat les ministres calvinistes et, selon l'usage du temps, ne leur épargne pas les invectives. Aux pages 117 et 118 de la première partie se trouvent deux sonnets où les plus singulières raisons, qu'on ne peut reproduire décemment, sont données *aux dames* huguenotes pour les engager à quitter leurs ministres.

298. Les Dévots Elancemens du poëte chrestien, par Alphonse de Ramberveiller, lieutenant-général au bailliage de l'evesché de Metz. *Paris, J. Perier*, 1610, pet. in-12, v. éc., fil.

Avec 19 figures très-finement gravées par Thomas de Leu et Jean de Weert, parmi lesquelles le portrait de Henri IV et celui de Ph. Emm. de Lorraine, duc de Mercœur.

299. La Neotemachie poetique du Blanc (poëmes et odes). *Paris, Julliot*, 1610, in-4, v. m.

Poésies rares, par Jean Le Blanc.

300. Les CL. Pseaumes de David, mis en vers françois, par le Sr Metezeau. *Paris*, 1610, in-8, dem.-rel., v. antiq.

Le bord des premiers feuillets fatigué.

301. Les CL Pseaumes de David, mises en vers françois, par le Sr Metezeau. *Paris*, 1611, in-12, vél.

302. Les Œuvres poëtiques de Jean Deplanches, sieur du Chastelier et de la Bastonnerie (prieur de Comblé et sous-chantre de Sainte-Radegonde de Poitiers). *Poictiers, Julian Thoreau*, 1612, pet. in-12, v. fauve, fil., tr. dor. (*Thouvenin.*)

Ces poésies ont été publiées par Bernier de la Brousse, neveu de l'auteur. Parmi les poëmes et meslanges qui s'y trouvent on remarque le *Mysogène* en 131 stances *contre les dames*, où les injures les plus grossières et les plus sales sont adressées aux femmes. Cette pièce vraiment *dégoûtante*, dit Viollet-Leduc, est cependant dédiée à une dame, à la vicomtesse de St-Amand en Rouergue, le 15 mai 1586.

303. Les Œuvres poëtiques de Jean Loys, Douysien. *Douay, Pierre Auroy*, 1612, 2 part. en 1 vol. in-8, vél.

Ces poésies roulent en général sur des sujets religieux, ou, ce qui est plus intéressant, se composent de pièces de circonstance, comme épithalames, sonnets et vers adressés à des amis ou à de grands personnages à l'occasion d'événements remarquables. Poésies rares. Bel exemplaire.

304. Le Violier des Muses, par Gabriel Robert. *A Poictiers, par Charles Pignon*, 1612, in-12, n. rel.

Poésies inconnues. Le titre a été refait.

305. Les Marguerites poétiques, tirées des plus fameux poëtes françois, tant anciens que modernes, nouvellement recueillies et mises en lumière, par Esprit Aubert. *Lyon*, 1613, in-4, titr. gravé par L. Gaultier, m. r. à comp., dos de mosaïque, dent. int., tr. dor. (*Lortic.*)

Très-bel exemplaire.

306. La Vie de la Vierge Marie, ou la Parthenice Mariane de R. P. Baptiste Mantuan, religieux carme Italien, trad. de ses carmes latins, en vers françois, par frère Nicolas Dadier, religieux du mesme ordre, au couvent de Ploermel en Bretagne. *Rennes, Tite Haran, imprimeur et libraire*, 1613, pet. in-8, dem.-rel.

« Livre très-rare. — Poëte inconnu aux bibliographes. » E. T.

307. La Christiade du Sr d'Escorbiac. *Paris, P. Coderc*, 1613, in-8, cart.

Manque le titre, et quelques défauts. — Poëte de toute rareté.

308. Les Amours de J. Le Breton, escuier, sieur de Pontmean et des Touches. *S. l.*, 1613, in-8, n. rel.

« Volume rare. Ce poëte n'est indiqué nulle part et ne se trouve dans aucune bibliothèque de Paris. » E. T.

309. La Muse Guerrière (par de Trellon). *Lyon, P. Rigaud*, 1614, pet. in-12, bas.

310. Le Cavalier Parfait du Sr de Trellon, où sont comprises toutes ses œuvres divisées en IV livres. *Lyon, P. Rigaud*, 1614, in-12, v. f.

311. La Muse Guerrière, dédiée à M. le Comte d'Aubijoux (par de Trellon). *Rouen, Veuve Loys Costé*, 1664, pet. in-12, d.-rel.

312. Les Satyres du sieur Regnier. *Paris*, 1613, in-8, mar. r., tr. dor.

« Dernière édition donnée par Regnier peu de tems avant sa mort. » E. T.

313. Les Satyres du sieur Regnier, édit. de beaucoup augmentée tant par le sieur de Sigogne, que de Berthelot. *Paris*, 1641, in-8, v. br.

A la suite on a relié : 1° *Ode au Roy. Paris*, 1633. C'est un recueil de poésies, signées : *Godeau, Chapelain, Racan, Maynard, de Lestoille, Baro* ; — 2° (*Poésies de divers auteurs*) *sur une statue de Didon, faite en marbre, par Cachet, et donnée au cardinal de Richelieu.*

314. Les Satyres et autres œuvres du Sr Regnier. *Rouen et Paris*, 1667, pet. in-12, v. fauve.

315. Œuvres complètes de Mathurin Regnier, avec commentaires, par Viollet-Leduc. *Paris, Jannet*, 1853, in-16, cart., non rogné.

316. Diurnal ou Livre de Caresme, contenant plusieurs sonnets spirituels, pieux et dévotieux sur les Evangiles de chaque jour du Caresme sur lesquels tout chrétien pourra méditer, composé par M. Lazare de Selve, président en la justice de Metz. *Paris, P. Sevestre*, 1614, in-8, cart.

Exemplaire de *Viollet-Le-Duc*.

317. Les Œuvres spirituelles sur toutes les Evangiles des jours de Caresme et sur les festes de l'année, par M. Lazare de Selve, président pour Sa Majesté ès villes et païs de Mets, Toul et Verdun. *Paris, P. Chevaller*, 1620, in-8, dem.-rel., tr. dor.

318. La Dodécade de l'Evangile, par Estienne de Sanguinet, gentil-homme Gascon. *Bergerac, Gilbert Vernoy*, 1614, in-8, cart.

319. Œuvres poëtiques sur le subject de la Conception de la très-saincte Vierge Marie, mère de Dieu, composez par divers auteurs, recueillies par Adrian Bocage. *Rouen, Guill. de la Mare, dans la court dez-Corez, prez S. Jean*, 1615, pet. in-12, non rel.

« Petit volume très-joli et très-rare. — C'est une des plus délicates impressions du temps. » E. T. — Adrian Bocage était un prêtre du diocèse d'Evreux.

320. Airs de cour et de differents autheurs. *Paris, P. Ballard,* 1615-28, 8 part. en 2 vol. in-8, musique notée, v. marbr.

« Livre fort rare. M. Brunet, qui ne l'a pas vu, le cite comme l'ayant trouvé inscrit dans le catalogue de la Vallière. — L'ouvrage entier est composé de huit parties : elles sont renfermées dans ces deux volumes. » E. T.

321. La Suite de la Franciade de P. de Ronsard, livre sixiesme, par Jaques Guillot, P. chanoine en l'Eglise de Bourges. *Bourges, Maurice Levez,* 1615, in-8, n. rel.

« Poëte extrêmement rare, aucun bibliographe ne le connaît. » E. T.

322. Les Lys de l'Eloquence Françoise, remplis de sentences, et de plusieurs Sonnets, Stances, Complaintes et Airs de cour, par Jean-François Bertet. *Lyon,* 1616, in-12, d.-rel.

323. Le Triomphe du Messie, mis en deux livres pour la confirmation des Chrestiens, conversion des Juifs, etc..., par François Du Port, médecin de Paris. *Paris, François Jacquin,* 1617, in-8, v. marbr., fil.

324. Les Poëmes divers du Sieur Annibal de Lortigue, Provençal, où il est traicté de guerre, d'amour, gayetez, poincts de controverses, hymnes, sonnets et autres poësies. *Paris, J. Gesselin,* 1617, in-12, mar. vert, fil., tr. dor. (*Petit.*) Voir Catal. Bancel,

Volume fort rare. Bel exemplaire de M. de Ch***.

325. Les Œuvres de Pindare, translatées (en vers et en prose), par F. Marin, Champenois. *Paris,* 1617, in-8, v. br.

326. La Magdeleine de F. Remi de Beauvais, capucin de la Provence des Pais-Bas. *Tournay, Ch. Martin,* 1617, in-8, titr. grav., fig., vél.

Poëme recherché. Bel exemplaire de Renouard.

327. Le tableau de la Suisse et autres alliez de la France ès hautes Allemagnes (en vers) par Marc Lescarbot. *Paris,* 1618, in-4, vél., fil., tr. dor.

Bel exemplaire réglé.

328. Les Vers dévotieux dediez au public pour le service de Dieu, par François Hamoys. *Paris, Nic. Barbote,* 1619. — Les Intervales du loisir de François Hamoys, marchand lapidaire à Paris. *S. l.,* 1619, pet. in-8, v. f.

Rare.

329. Les Délices de la Poesie françoise, ou Recueil des plus beaux vers de ce temps, recueilly par F. de Rosset. *Paris, Toussainct Du Bray,* 1618, in-8, v. br., tr. dor.

330. L'Eglise Triomphante, poëme héroïque, contenant les plus glorieux triomphes de l'Église Militante et Triomphante en la loy de nature, en celles de Rigueur et de Grâce, en la persécution de l'Antechrist, etc., par Cl. Billard, Bourbonnois, Sr de Courgeney. *Lyon*, 1618, in-8, bas.

Ce poëme est divisé en treize livres, contenant chacun sept à huit cent vers. Le poëte chante la Révolte des mauvais anges, les faits principaux de l'Histoire sainte et de l'Histoire de l'Église, la naissance et les progrès des hérèsies; il finit par le Jugement dernier.

331. La Nouvelle Muse, ou les Loisirs de Jean Godard, Parisien, cydevant lieutenant général au baillage de Ribemont. *Lyon, Cl. Morillon*, 1618. — L'H françoise de Jean Godard, Parisien. *Lyon*, 1618, in-8, v., dent.

332. Meslanges Poetiques : tragiques, comiques et autres diverses de l'invention de L. D. L. F. (Jean Godard, Parisien) à la France. *Lyon*, 1624, in-8, v. olive, fil., tr. dor. (*Koehler.*)

De la bibliothèque d'Armand Bertin.

333. Les Changemens de la Bergère Iris, par J. de Lingendes. *Paris, T. DuBray*, 1618, in-12, vél.

334. Les Œuvres poëtiques du Sr Bernier de la Brousse. *Poictiers, Julian Thoreau*, 1618, in-12, front. gravé, mar. rouge, fil., tr. dor.

Bel exemplaire en ancienne reliure. Poésies très-rares.

335. Les Roses de l'Amour Céleste fleuries au verger des méditations de Sainct Augustin, par le Sr de Rosière de Chaude ney, capitaine et prevost de S. Mihiel. *S. Mihiel, Fr. Du Bois*, 1619, in-8, jolies fig., v. marbr.

336. Odes spirituelles sur l'air des chansons de ce temps, par Anne Picardet, veufve du feu Sr de Moulières et d'Essartines. *Paris, Séb. Huré*, 1619, pet. in-12, dem.-rel., mar. viol., tr. dor.

337. Le Zodiac Poetique et la Philosophie de la vie humaine, de M. de Rivière, conseiller du roy en sa cour de Parlement de Rennes. *Paris, Jean Libert*, 1619, in-8, v. m.

338. Les Epigrammes de M. de Mailliet. *Paris*, 1620, in-8, v. m.

Très-rogné.

339. Les Poésies de M. de Mailliet (Périgourdin), dédiées à madame de Jehan. *Bourdeaus, S. Millanges*, 1616, in-8, vél.

Volume très-rare. La première édition de ces poésies (1612) est dédiée à la reine Marguerite, à la maison de laquelle Mailliet était attaché. Le volume est composé d'odes, de stances à la louange de la Reine, à celle de ses mains, de son jardin d'Issy, etc.

340. Les Diverses Œuvres de l'Illustrissime Cardinal du Perron (avec ses Poésies). *Paris, Ant. Estienne,* 1622, in-fol., v. br.

341. Traittez du Vray Sel, secret des Philosophes par le Sr de Nuisement. *Paris,* 1621. — Poëme philosophic de la vérité de la Physiqne minérale, par le Sr de Nuisement. *Paris*, 1620, in 8, vél.

342. La Journée du Voyage du monde, faicte par P. Magnan, sous la conduite de l'Uranie. *A Montpelier, par Jean Gilet,* 1621, in-8, mar. bl., tr. dor.

343. La Bellegarde (par J. F. Seraud). *Lyon, V[e] de Cl. de Morillon,* 1621, in-18, dem.-rel.

344. Les Œuvres satyriques du Sr de Courval-Sonnet, gentilhomme Virois. *Paris, R. Boutonné,* 1622, in-8, portr., v. f. (*Aux armes du comte de Toulouse.*)

Titre doublé.

344 *bis.* Les Exercices de ce temps, contenant plusieurs satyres contre les mauvaises mœurs (par Courval-Sonnet). *Paris, J. de la Mare,* 1645, in-8, d.-rel.

« Cette édition contient 2 satyres de plus que celles de 1626 et 1627, ce sont les 13e et 14e. » E. T.

345. La Franciade ou Histoire générale des Roys de France, mis en vers françois, par le Sr Geuffrin. controlleur au grenier à sel de Noyon. *Paris,* 1623, in-8, v. fauve, fil., tr. dor. (*Niedrée*).

346. Les Amours du berger Philandre et de Caliste et autres œuvres, par le S[r] des Vallottes. *Paris, Jacq. Villery,* 1623, in-8, cart.

347. Les Œuvres (poétiques) de Jacques Poille, sieur de S. Gratien, conseiller au Parlement de Paris. *Paris,* 1623, in-8, mar. vert, fil., tr. dor. (*Ancienne reliure.*)

348. Les Traverses du sieur De Resneville, et ses œuvres poétiques. *Paris, Toussaint Du Bray,* 1624, in-8. vél.

349. Songe et son interprétation avec un hermitage chrestien, par Benjamin de la Villate, chanoine en l'église collégiale Sainct Martin de Champeaulx en Brie. *Paris, J. Laquehay,* 1626, in-8, vél.

350. Trois anciens traictez de la Philosophie Naturelle par Gabr. Joly. *Paris, Ch. Hulpeau,* 1626. — Les trois livres de la Chrysopée c'est-à-dire de l'art de faire l'or, en vers françois, par F. Habert de Berry. *Paris,* 1626, in-8, vél.

351. Les Sept Pseaumes pœnitentiels de David, mis envers françois par Pierre de Brinon, seigneur de Meulers et du Vaudichon, conseiller du roy au Parlement de Normandie. *Rouen*, 1626, plaq. in-4, dem.-rel. mar. rou., tête dorée. (*Lortic*).

352. Les Epistres d'Ovide traduites en vers françois, avec des commentaires fort curieux, par Claude Gaspar Bachet de Meziriac. Première partie. *A Bourg en Bresse*, *J. Tainturier*, 1626, in-8, vél.

Volume fort rare. Exemplaire de la bibliothèque *Lamoignon*. — Ce volume porte la date la plus ancienne connue des presses de *Bourg-en-Bresse*.

353. Le Séjour des Muses, ou la Cresme des bons vers de Ronsard, du Perron, Aubigny, Motin, etc... *Rouen*, *Th. Daré*, 1626, in-12, cart.

354. L'Ombre de la Damoiselle de Gournay, œuvre composé de meslanges. *Paris*, *J. Libert*, 1627, in-8, mar. bl., tr. dor. (*Anc. reliure*.)

Ouvrage rare, renfermant divers écrits en prose et en vers de Mlle de Gournay.

355. La Sylvanire ou la Morte-Vive, fable bocagère par messire Honoré d'Urfé, marquis de Bagé et Verromé. *Paris*, *R. Fouet*, 1627, in-8, dem.-rel.

356. Le Jardin et Cabinet poëtique de Paul Contant, apoticaire de Poictiers. *Poictiers*, *Ant. Mesnier*, 1628, in-fol., dem-rel., mar. r.

357. Recueil des vers de M. de Marbeuf, chevalier, Sr de Sahurs. *Rouen*, *Dav. du Petit Val*, 1628, in-8, cart.

Titre doublé.

358. Les Tragiques ci-devant donnez au public par le larcin de Prométhée et depuis avouez et enrichis par le Sr d'Aubigné. *s. l. n. d.* (*de l'imprimerie particulière de d'Aubigné*, *dirigée par J. Moussat*), *vers* 1630, in-8, v. fauve. (*Anc. reliure*.)

« Cette seconde édition des *Tragiques* de d'Aubigné est beaucoup plus rare que la première in-4o et renferme quelques centaines de vers de plus. » E. T.

359. Les Tragiques, par Théod. Agrippa d'Aubigné, publ. par L. Lalanne. *Paris*, *Jannet*, 1857, in-16, cart., non rogné.

Poëtes depuis Malherbe.

361. Vers du S. de Malherbe à la Reine. *Paris*, 1611, plaq. in-8, dem.-rel.

Edition originale de cette pièce.

362. Les Œuvres de François de Malherbe. *Paris, Sommaville*, 1642, pet. in-12, vél.

363. Poésies de Malherbe (publ. par St-Marc). *Paris, Barbou*, 1757, in-8, portr., v. m.

364. Poésies de Malherbe, avec la Vie de l'auteur, et des notes par A. G. M. Q. (Querlon). *Paris, Barbou*, 1776, in-8, portr., dem.-rel., tr. dor.

365. Le Parnasse des Poëtes satyriques, ou Dernier Recueil des Vers piquans et gaillards de nostre temps, par le Sr Théophile. *S. l.*, 1625, in-8, vél.

366. Les Œuvres de Théophile, divisées en trois parties. *Paris, N. Pepingué*, 1662, pet. in-12, mar. r., tr. dor.

Exemplaire avec témoins.

367. Les Œuvres de Théophile. *Paris, N. Pepingué*, 1662, in-12, mar. r., fil., tr. dor. (*Courteval.*)

368. Œuvres de Théophile. *Lyon, Ant. Cellier*, 1668, in-12, d.-rel.

369. Le Cabinet Satyrique, ou Recueil parfaict des vers piquants et gaillards de ce temps, tiré des secrets cabinets des sieurs de Sigognes, Regnier, Motin, Berthelot, Maynard, et autres des plus signalez poëtes de ce temps. *Paris, P. Billaine*, 1621, in-12, dem.-rel.

Légère piqûre à la fin.

370. Les Satyres du S[r] Du Lorens, divisées en deux livres (contenant 25 satires). *Paris, Jacq. Villery*, 1624, in-8, v. gran. (*Aux armes du comte de Toulouse.*)

Première édition de ces satires recherchées. Exemplaire du roi *Louis-Philippe*, avec le timbre de la *Bibliothèque du Palais-Royal.*

371. Le Bancquet des Muses ou Vers satiriques du sieur Auvray. *Rouen, Dav. Ferrand*, 1626, in-8, n. rel.

372. Uranie Pœnitente, à Mgr l'Illustriss. cardinal de Bentivole, abbé du monastère des religieux bénédictins en la ville de St-Valery-sur-Somme, par M. I. Le Clerc, curé et official audit lieu. *Rouen, D. du Petit Val*, 1628, pet. in-12, front. gravé, dem.-rel.

373. Les Chants oraculeux tant en acclamations d'honneurs et louanges pastorales sur dignes sujects qu'en libres déclamations et pures veritez..... sur les abus, vanitez et corruptions du monde par essais de Claude de Mons, Amiénois, seigneur de Hédicourt. *Amiens, Jacq. Hubault*, 1608, pet. in-8, v. marb.

Titre doublé et quelques raccommodages au commencement.

374. Le Paranymphe de la Cour, où sont dépeintes les vertus héroïques du Roy, de plusieurs princes, seigneurs et dames de la France, avec l'antiquité de leurs maisons. Et quelques particularitez de ce qui s'est passé tant à l'isle de Ré, que devant La Rochelle, par le sieur Elis, de Falaize. *Rouen*, 1628, in-8, dem.-rel.

Titre doublé.

375. La Semaine d'Argent, contenant l'histoire de la seconde création ou restauration du monde. *Sedan, Jacq. de Turenne*, 1629, in-8, mar. n., tr. dor.

376. Les Œuvres de N. Frenicle, conseiller du Roy. *Paris, J. de Bordeaux*, 1629. — Les Eglogues de N. Frenicle, 1629; ens. 2 part. en 1 vol. in-8, v. br.

Un côté de la reliure est rongé, mais les feuillets ne sont pas atteints.

377. Les Œuvres poëtiques du Sr du Pin Pager. *Paris*, 1629, in-8, n. rel.

378. Les Œuvres poétiques du sieur Du Pin Pager. *Paris, J. Quesnel*, 1630.—Romani Pinæi Pagerii, Latina. *Parisiis*, 1629; ens. 2 part. en 1 vol. in-8, v. br.

379. Œuvres poétiques du Sr Mairet. *Paris, F. Targa*, 1629, in-8, cart.

380. Les Œuvres de René de la Chèze, Rémois. *Reims, N. Hécart*, 1630, 2 part. en un vol. in-8, front. gravé, v. br., fil.

Rare.

381. Le Roy triomphant, ou la statue équestre de Louys le Juste, XIIIe du nom, posée sur le front de l'hostel-de-ville de Reims, l'an 1636, ensemble d'autres pièces sur le mesme sujet, par feu René de la Chèze, Rémois. *Reims, François Bernard*, 1673, in-8, n. rel.

382. Le Pantheon et Temple des Oracles où préside Fortune, par François d'Hervé, de l'ordre des Chevaliers de St-Jean de Hierusalem, seigneur et commandeur de Valcanville. *Paris, Denis Thierry*, 1630, in-8, vél.

383. Izabelle, Amours de L. M. P. *Paris, Rob. Sara*, 1631, in-8, v. f.

384. Le Desbauché converty, ou l'Yvrogne repenty, dans lequel sont representez tous les malheurs advenus par le vin, tant ès sainctes Escritures et Homelies des anciens pères, comme aussi des escrits des Payens, tant poëtes que orateurs, par Pierre Le Camus, peintre Yssoldunois. *Paris, imprimé aux despens de l'autheur, chez Jean Martin*, 1631, in-8, vél. fil., tr. dor.

« Poëte très-rare; je n'en connais pas d'autre exemplaire. » E. T.

385. Les Chansons de Gaultier Garguille. *Londres*, 1658 (1758), pet. in-12, portr., v. éc., dent., tr. dor.

386. Les Chansons Folastres des Comediens, recueillies par un d'eux et mises au jour en faveur des enfans de la Bande Joyeuse. *Paris*, 1637, in-8, dem.-rel., mar., n. rog.

Publication faite par Caron, et tirée à petit nombre.

387. L'Amaranthe de Gombauld, pastorale. *Paris, F. Pomeray, Ant. de Sommaville et André Soubron*, 1631, in-8, réglé, front. gravé, mar. r., fil. à comp. (*Anc. reliure.*)

« Cet exemplaire a des corrections de la main de l'auteur. » E. T.

388. Les Poésies de Gombauld. *Paris, Courbé*, 1646, in-4, v br., fil.

389. Les Épigrammes de Gombauld, divisées en trois livres. *Paris*, 1657, in-12, d.-rel.

390. Les Honestes Poésies de Placidas, Philemon Goüy (prieur de l'abbaye de Cluny). *Paris*, 1632, in-8, front. gr., vél.

Piqué dans la marge du bas.

391. Le Chevalier sans reproches, Jacques de Lalain (poëme), par messire Jean d'Ennetières, chevalier, Sgr de Baumé, Maisnil, etc. *Tournay, Adr. Quinqué*, 1633, in-8, front. gravé, v. antiq., tr. dor. (*Simier.*)

Exemplaire de Renouard.

392. Paraphrase des pseaumes graduels, par François d'Arbaud, sieur de Porchères (et Poésies du mesme sur divers sujets). *Paris, Courbé*, 1633, in-8, d.-rel.

393. Les OEuvres sainctes du Sr Auvray. *Rouen, Dav. Ferrand*, 1634, in-8, n. rel.

394. La Pourmenade de l'Ame dévote, accompagnant son Sauveur depuis les rües de Jérusalem jusqu'au tombeau, par le Sr Auvray. *Rouen, Dav. Ferrand, s. d.*, in-8, n. rel.

395. Les Divertissemens du Sr Colletet, seconde édition. *Paris*, 1633, in-8, d.-rel.

Piqué et taché.

396. Épigrammes du Sr Colletet. *Paris*, 1653, pet. in-12, vél.

397. Poésies diverses de M. Colletet. *Paris*, 1656, pet. in-12, v. m.

398. L'Art poëtique du Sr Colletet. *Paris*, 1658, pet. in-12, v. m.

399. La Muse coquette, ou les Délices de l'honneste amour et de la belle galanterie, par le Sr Colletet. *Paris, J. B. Loyson*, 1664, 2 tom. en 1 vol. pet. in-12, vél. — L'Académie familière des filles, lettres et diversitez folâtres de prose et de vers, suite de la Muse coquette, troisième et quatrième partie par le Sr Colletet. *Paris, J. B. Loyson*, 1665, pet. in-12, dem. rel.

400. Juvénal burlesque, par le Sr Colletet, le fils. *Anvers, Raph. Smith*, 1657, pet. in-12, parch.

401. Acrostichs (*sic*) sur les noms de Nosseigneur de la Cour du parlement de Metz, par Esprit Gobineau, sieur de Mont-Luisant, Chartrain. *Metz, Cl. Félix*, 1634, pet. in-4, dérelié.

Poésies très-rares ; ce volume contient encore *la Royale Thémis*, poëme du même auteur. Les notes marginales sont entamées par le couteau du relieur.

402. Le Divertissement poëtique d'Alais, sieur de Beaulieu. *Paris, Denys Langlois*, 1634, in-8, v. f., fil.

403. Les Joyeux Epigrammes du Sr de la Giraudière. *Paris, Salomon de la Fosse*, 1634, in-8, v. fauve, fil., tr. dor. (*Fixon.*)

404. La Saincte Franciade, contenant la vie, gestes et miracles du bienheureux patriarche sainct François (par Jacq. Corbin). *Paris, N. Rousset*, 1634, in-8, vél.

405. La Muse chrestienne du sieur Adrian de Rocquigny, reveüe, embellie et augmentée d'une seconde partie par l'auteur. *S. l.*, 1634, 2 part. en 1 vol. in-4, portr., mar. r., fil., tr. dor. (*Trautz-Bauzonnet.*)

Volume fort rare. Exemplaire de la collection d'Auffay.

406. Poésies sacrées sur la Très-Saincte Trinité, le très-auguste sacrement de l'Eucharistie, etc., par le R. P. Fr. Hyacinthe Mounier. *Aix, Est. David*, 1636, in-8, front. gr., cart.

407. La Liesse de Louys Herron, curé de Pranzay. *Poictiers, par la veuve d'Antoine Mesnier*, 1636, in-8, vél.

Rare.

408. LES NOUVEAUX SATIRES et excersices (*sic*) de ce temps, divisé en neuf satires ausquels est adiousté l'Uranie ou Muse céleste, par R. Angot, S[r] de l'Eperonnière. *Rouen, Michel l'Allemant*, 1637, in-12, réglé, mar. r., tr. dor. (*Trautz-Bauzonnet.*)

Exemplaire de la collection d'Auffay. Poésies des plus rares.

410. Les Poésies et Rencontres du S[r] De Neufgermain, poëte hétéroclite de Monseigneur, frère unique du roy. *Paris, Jacques Jacquin*, 1630, in-4 réglé, vél., fil., tr. dor.

411. La Seconde Partie des poésies et rencontres du Sr de Neuf Germain, poëte hétéroclite. *S. l.*, 1637, in-4, v. br.

« Ce second volume est rare. » E. T.

412. Recueil des plus beaux vers de MM. Malherbe, Racan, Maynard, etc... *Paris, P. Mettayer*, 1638, in-8, v., fil.

413. Dernières Œuvres et Poésies chrestiennes de messire Honorat de Bueil, chevalier, Sr de Racan. *Paris, P. Lamy*, 1660, in-8, v. br.

414. Les Travaux de Jésus, poëme composé par Pierre Cotignon de la Charnaye. *Paris*, 1638, in-8, frontis. grav. et fig. d.-rel.

415. Les Œuvres chrestiennes du sieur Jean Gaston, dédié à M[r] le Mareschal de la Force. *Orthez, par Jacques Rouyer, et se vendent à Rouen, chez Jacques Cailloüé*, 1639, in-8, v. m.

A la suite se trouvent des poésies sacrées du même auteur, formant 58 p. avec pagination séparée.

416. Les Poésies chrestiennes de R. Bourlier, Procureur du Roy en l'Eslection de Dreux. *Paris*, 1640, in-12, frontis. grav., n. rel.

417. Quelques Poésies du Sr Des Mares. *Paris, de Sommaville*, in-8, v. marbr.

Ces poésies sont dédiées par l'auteur à lui-même.

418. Promenades de Messire Antoine Coutel, chevalier, seigneur de Monteaux, des Rucz, Fouynais, etc. *A Blois, chez Al. Moette, s. d.*, in-8, v. m.

Volume rare.

419. La Caribarye des artisans, ou recueil nouveau des plus agréables chansons vieilles et nouvelles (publ. par N. Percheron). *Paris, Gay*, 1862, in-16, br.

Tiré à 115 exemplaires.

420. Les Métamorphoses françoises, recueillies par Mr Regnault. *Paris, Sommaville*, 1641, pet. in-12, vél.

421. La Vie, les travaux, la grâce et la gloire de la Vierge sacrée, par le Sr Regnier. *Paris*, 1641, in-8, v., fil.

422. Les Œuvres spirituelles d'Antoine Picot, baron du Puiset. *Paris, P. Targa*, 1641, pet. in-12, dem.-rel., v. fauve.

« Poésies rares et qui n'ont pas été connues de Goujet. » E. T.

423. Les Œuvres du Sr de Saint-Amant. *Paris, T. Quinet*, 1642. In-4, v. marbr., fil.

424. Dernier Recueil de diverses poësies du sieur de Saint-Amant. *Imprimé à Rouen et se vend à Paris chez Ant. de Sommaville*, 1658, in-4, dem.-rel.

425. Les œuvres du sieur de Saint-Amant. *Imprimées à Orléans et se vendent à Paris, chez Guill. de Luyne*, 1661, pet. in-12, dem.-rel., tr. dor.

426. Moyse sauvé, idylle héroïque du sieur de Saint-Amant. *Amsterdam, P. Le Grand* (*Dan. Elsevier*), 1664, pet. in-12, v. antiq., fil., tr. dor.

427. Les Essais poétiques du sieur de la Luzerne. *Paris*, 1642, in-8, dem.-rel.

428. L'Image de la perfection ou la Vie de la glorieuse Vierge Marie, Mère de Dieu, mise en vers par Pierre Devèze, prieur de Rivière et official en l'evesché d'Uzès. *Paris*, 1643, in-8, vél.

429. Jardin des Muses où se voyent les fleurs de plusieurs agréables poésies recueillies de divers autheurs (par D. Pierre de S. Romuald, Feuillant, c'est-à-dire P. Guillebault d'Angoulème). *Paris*, 1643, pet. in-12, vél.

430. Œuvres chrestiennes en vers de M. Arnauld d'Andilly. *Paris*, 1644, in-12, v. m.

431. Les Sentimens universels de messire Pierre Forget, chevalier, sieur de Beauvais et de la Picardière. *Paris*, 1646, pet. in-12, dem. rel.

432. Les Œuvres de Maynard. *Paris, Aug. Courbé*, 1646, in-4, portr., v. f., fil.

433. Les Veilles curieuses, en vers, de Du Verne, contenant cinq cents et huict autheurs et des choses les plus particulières dont ils ont traittez. *Dijon, Guy Anne Guyot*, 1647, pet. in-4, 45 p. n. rel.

Rare.

434. Les Diverses Poésies de S. Du Cros. *Paris, Aug. Courbé*, 1647. — La Philis de Scire, imitée de l'italien par le sieur Du Cros. *Paris*, 1647, in-4, v. marbr.

435. Bluettes du feu divin présentées à la Reyne Régente. Seconde édition. *Paris*, 1648, in-12, v. br.

Par Le Foullon, aveugle. Ce poëte est demeuré inconnu à tous les bibliographes.

436. Les Vers héroïques du sieur Tristan Lhermite. *Paris*, 1648, in-4, front. gravé et portr., v. br. fil.

437. L'Eslite des Bouts-Rimez de ce temps. *Paris*, 1649, in-16, vél.

438. Les Descriptions poétiques de J. D. B. (J. de Bussière). *Lyon, J.-B. Devenet*, 1649, in-4, v. marbr.

439. L'Enfer Burlesque, ou le Sixiesme de l'Eneide Travestie à Mademoiselle de Chevreuse, le tout accommodé à l'histoire du temps. *Anvers, Balthaz. Moret s. d.*, pet. in-12, v. f.

Cette édition est plus rare que celle de Paris. Elle a été imprimée en 1649 (Goujet, tom. 5, page 150). — Exemplaire de Viollet-Le-Duc.

440. Nouveau Recueil de divers rondeaux. *Paris*, 1650, 2 part. en 1 vol. in-12, frontisp. grav., v. br.

441. Le Courrier Burlesque (en vers, par de St-Julien). *Paris*, 1650, 2 tom. en 1 vol. pet. in-12, v. br.

442. Le Parnasse Séraphique et les Derniers Souspirs de la Muse du R. P. Martial de Brives, capucin. *Lyon*, 1650, in-8, v. fauve.

Exemplaire de Viollet-Le-Duc.

443. Les Poësies de Salomon de Priezac, sieur de Saugues. *Paris*, 1650, in-8, dem.-rel.

444. Les Œuvres poétiques du sieur de P. (Prade). *Paris*, 1650, in-4, frontisp. grav., dem.-rel.

« Ces poésies de de Prade sont rares et n'ont pas été signalées par M. Brunet. » E. T.

445. L'Arioste Travesty, en vers burlesques. *Paris, T. Quinet*, 1650, in-4, parch.

446. L'Odyssée d'Homère ou les Avantures d'Ulysse, en vers burlesques (par H. Picou). *Paris, T. Quinet*, 1650, pet. in-4, parch.

447. Les Satyres de Perse, trad. en vers françois (par le président Nicole). *Paris, Courbé*, 1650, pet. in-12, vél.

448. L'Imitation de Jésus-Christ, trad. en vers, par P. Corneille. *Lyon* (1676), in-12, front. gravé, v. m.

449. Recueil de diverses pièces du Sr Du Teil, consistant en poëmes, stances, sonnets, épigrammes, rondeaux, etc... *Paris, J.-B. Loyson*, 1651, pet. in-12, mar. r., fil., tr. dor. (*Ancienne reliure.*)

450. La Vie de Jésus et de Marie, en vers, par le sieur de Quennes. *Paris*, 1654, pet. in-12, vél.

451. Les Œuvres poëtiques de Beys. *Paris*, *T. Quinet*, 1652, in-4, front. gravé, vél.

452. Le Catéchisme Royal, en vers, par Pierre Le Blanc, prestre chanoine de Billon en Auvergne. *Paris*, *L. Boulanger*, 1652, in-8, vél. vert.

453. Le Vainqueur de la Mort ou Jésus mourant, poëme de P. L. B. (Bigres), enrichi de figures (de Callot). *Paris*, *de Sercy*, 1652, in-8, v. m.

454. Virgile Goguenard ou le douziesme livre de l'Enéide travesty (puisque travesty y a). *Paris*, *Ant. de Sommaville*, 1652, in-4, front. gravé, vél.

455. Les Œuvres poëtiques du Sr Dalibray. *Paris*, *J. Guignard*, 1653, in-8, v. marbr.

456. Les Satires de Juvénal, en vers françois, par Denys Challine. *Paris*, *Pépingué*, 1653, pet. in-12, dem.-rel.

457. Hippocrate dépaïsé ou la version paraphrasée de ses aphorismes, en vers françois, par M. L. D. F. (Louis de Fontenettes, doct. en méd· dans P. (Poitiers). *Paris*, *Edm. Pépingué*, 1654, in-4, vél.

458. Paraphrases sur les IX leçons des Lamentations du prophète Jérémie (par Bardou). *Caen*, *El. Mangeant*, 1654, in-12, n. rel.

459. Les Heures du chrestien, où sont compris tous les offices, etc., le tout fidèlement traduit en vers et en prose, par le sieur Magnon. *Paris*, 1654, in-8, frontisp. grav., fig., mar. oliv. fil. à compart., tr. dor. (*Ancienne reliure.*)

460. Le Livre des Peintres et Graveurs (en vers), par Mich. de Marolles, publ. par G. Duplessis. *Paris*, *Jannet*, 1855, in-16, cart.

461. L'Histoire de la Passion de Nostre Sauveur J.-Ch., mise en vers françois, par le P. François Berthod. *Paris*, 1655, in-12, fig., n. rel.

462. Nouveau Cours de Philosophie en vers françois. *Paris*, 1655, in-12, cart.

463. Inventaire général de la Muse Normande divisée en XXVIII parties, où sont descrites plusieurs batailles, assauts, prises de villes, histoires comiques, esmotions populaires, grabuges, etc., par David Ferrand. *Rouen*, 1655, in-8, v. f.

464. Paraphrase en vers françois sur les CL pseaumes de David, par Pierre Bourg de Nevers. *Nevers, Jean Fourré, imprimeur du Roi*, 1655, in-8, mar. r., fil. à comp., tr. dor. (*Anc. reliure.*)

Rare. Légère mouillure à la fin.

465. Poésies choisies de Corneille, Benserade, de Scudéry, Bois-Robert, etc., et de plusieurs autres célèbres autheurs de ce temps. *Paris, de Sercy*, 1655, 2 part. en 1 vol. in-8, d.-rel.

466. Poésies choisies de Corneille, Benserade, de Scudéry, Bois-Robert, etc. *Paris, de Sercy*, 1656-1666. 5 vol. in-12, frontis-grav., v.

Les quatre premiers volumes sont de reliure semblable, en v. mar. fil., tr. dor. Le tome 5 est plus grand, mais le titre est doublé.

467. Les Poésies de Jules de la Mesnardière, de l'Académie françoise. *Paris, Ant. de Sommaville*, 1656, pet. in-fol., v. f.

468. Poësies de Chevreau. *Paris, de Sommaville*, 1656, in-8, v. m. fil.

469. La Stimmimachie, ou le grand combat des médecins modernes, touchant l'usage de l'antimoine, poëme historique, comique, par le S. C. C. (Carneau, Célestin). *Paris, J. Paslé*, 1656, in-8, v. mar.

470. Poésies du sieur ... Perret. *Paris*, 1656, in-12, v. m.

471. La Porte Françoise en vers burlesques.... ouverte par le S. Agathonphile Chalonnois. *Imprimé à Lyon et se vend à Châlon-sur-Saône, chez Pierre Cussel*, 1656, pet. in-12, vél.

472. La Pucelle ou la France délivrée, poëme héroïque par Chapelain. *Paris, Courbé*, 1656, in-fol., portr. par Nanteuil et fig. d'Abr. Bosse, v. f., fil.

473. La Pucelle ou la France délivrée, poëme héroïque, par Chapelain. *Suivant la copie* (*Hollande*), 1656, pet. in-12, fig., mar. bl., fil., doublé de mar. rouge, avec semis de fleurs de lys à l'intérieur, tr. dor. (*Niédrée.*)

Jolie édition qui fait partie de la collection des Elsevier. Bel exemplaire.

474. Clovis ou la France chrestienne, poëme héroïque par J. Desmarets. *Paris, Courbé*, 1657, in-4, fig. d'Abr. Bosse et de Fr. Chauveau, v. br.

475. L'Algouasil Burlesque, imité des Visions de Don Francisco de Quevedo Villegas, accompagné du Jardin Burlesque et autres pièces particulières de l'autheur, par le S. de Bourneuf. P. *Paris, Sommaville*, 1657, in-8, v. marbr.

476. La Lyre du jeune Apollon ou la Muse naissante du petit de Beauchasteau. *Paris, Ch. de Sercy et G. de Luynes*, 1657, in-4, portraits, v. br.

477. Les Saintes Décades des quatrains de piété chrestienne touchant la conoissance de Dieu, son honneur, son amour et l'union de l'âme à luy, adressée à Son Excellence Madame la Comtesse de Dona, Madame Espérance de Ferrassières de Montbrun, par Jean de Labadie, pasteur. *Orange, Ed. Raban*, 1658, in-8, vél.

Rare.

478. Saint Louys ou la Sainte Couronne reconquise par le P. Pierre Le Moyne, *Paris, Courbé* 1668, in-12, fig., d.-rel.

479. La Ville de Paris en vers burlesques, par le Sr Berthod. *Paris*, 1658, in-8, front. gr., d.-rel.

480. Les Œuvres diverses tant en vers qu'en prose, dédiées à Madame de Mattignon, par Octavie. *Paris*, 1658, in-12, v. m.

Ne se trouve pas dans Viollet-Le-Duc.

481. La Cynosure de l'âme, ou Poésie morale, dans laquelle l'âme amoureuse de son salut peut considérer les voyes plus assurées pour arriver au ciel, par le P. Nic. de Le Ville. *Lovain, André Bouvet*, 1658, pet. in-8, curieux front. gravé, mar. r., fil., dent., tr. dor. (*Bozérian*.)

Très-rare. Exemplaire de la bibliothèque Pieters.

482. Dévotes conceptions, ou Pensées sur les emblêmes, prophéties, figures et paroles de la Saincte Escriture qui se rapportent à la glorieuse Vierge Marie, composées par le P. Nicolas de Le Ville. *Louvain*, 1659, pet. in-8, vél.

Ouvrage rare, où se lisent des détails d'une singulière naïveté sur les beautés de la Vierge.

483. Essays de méditations poétiques sur la Passion, Mort et Resurection de N. S. J.-Ch. *Paris, François Muguet*, 1659, in-8, cart.

484. La Muse héroïque, ou le Portrait des actions des plus mémorables de Son Eminence (le cardinal Mazarin), avec diverses pièces sur différens sujets, par l'abbé de Ledignan. *Paris, Ch. de Sercy*, 1659, pet. in-12, n. rel.

On trouve dans ce recueil de vers, faits à la louange du cardinal Mazarin, deux pièces assez singulières (pag. 27 et 30), dans lesquelles le cardinal et la reine Anne d'Autriche sont désignés assez clairement sous les noms de Tircis et Silvie. *Tircis* y est présenté comme l'époux secret de *Silvie*.

485. Les Epistres en vers et autres œuvres poétiques de M. de Bois-Robert-Metel, abbé de Chastillon sur Seine. *Paris*, 1659, in-8, d.-rel.

Exemplaire avec la signature de *Grosley*, de Troyes.

486. Poésies du sieur de Malleville. *Paris*, 1659, in-12, d.-rel. (*Raccomm.*)

487. Alaric, ou Rome vaincue, poëme héroïque, par de Scudéry. *Rouen et Paris*, 1659, in-12, front. gr. et fig., d.-rel.

488. Les Mélanges poétiques, ou Recueil des poésies saintes et héroïques du P. Louis de S. Pierre, religieux carme réformé de la province de France. *Liège, veuve L. Street*, 1660, pet. in-8, front. gr., cart.

489. Heures en vers françois, par messire Claude Sanguin. *Paris, J. de la Caille*, 1660, in-8, fig. de Mariette, mar. r., fil., tr. dor.

490. Élégies sur les IX leçons de Job et autres poésies de M. de la Groudière. *Paris, Anth. de Sommaville*, 1660, pet. in-12, v. marbr.

491. David, poëme héroïque, par le Sr Lesfargues. *Paris, P. Lamy*, 1669, in-12, fig., v. br.

492. Les Amours de feu M. Tristan et autres pièces très-curieuses. *Paris*, 1662, in-12, front. gr., d.-rel.

493. Prières (en vers) et maximes chrétiennes (par Desmarets de Saint Sorlin. *Paris, Cl. Audinet*, 1680, in-12, mar. r., fil., tr. dor. (*Anc. reliure.*)

494. Le Vilebrequin de Me Adam, menuisier de Nevers. *Paris, G. de Luyne*, 1663, in-12, vél.

495. Œuvres de maitre Adam Billaut, menuisier de Nevers. *Paris*, 1806, in-12, portr., d.-rel., tr. dor.

496. Poésies chrestiennes d'Ant. Godeau, evesque de Grasse. *Paris, P. le Petit*, 1660-63, 3 vol. pet. in-12, vél., fil.

497. Recueil de poésies de divers auteurs (la Belle Gueuse, la Belle Aveugle). *Paris, P. Trabouillet*, 1670, in-12, d.-rel.

498. Eloges poëtiques du sieur de Brebeuf. *Paris*, 1660, in-12, d.-rel.

499. Poésies diverses de M. de Brébeuf. *Rouen et Paris*, 1662, pet. in-12, dem.-rel., mar. vert.

500. La Pharsale de Lucain, ou les Guerres civiles de César et de Pompée, en vers françois, par de Brebeuf. *La Haye*, 1683, in-12, frontisp. grav. et fig., cart.

501. Les OEuvres de poesie de M. Perrin, contenant les Jeux de poesie, des Paroles de musique, Airs de cour, Airs à boire, Chansons, Noëls et Motets, etc. *Paris*, 1661, in-12, frontisp. grav., v. m., fil., tr. dor. (*Piqûres.*)

502. Les Poésies diverses de M. Gilbert. *Paris, G. de Luyne*, 1661, in-12, vél.

503. Hélie, poëme héroïque. *Paris, Ch. de Sercy*, 1661, pet. in-12, v. éc., dent.

504. Les Evénemens illustres ou l'Entretien de Parnasse, par M. Le Vasseur. *Paris, Ch. de Sercy*, 1661, in-4, front. gravé, v. br.

505. Les OEuvres de Sarasin. *Paris*, 1694, in-12, front. grav., d.-rel.

506. Les OEuvres de M. le Président Nicole. *Paris, Ch. de Sercy*, 1662, in-12, fig., mar. rouge, fil., tr. dor. (*Anc. reliure.*)
Exemplaire de *Colbert*.

507. Veüe de la Mort, discours en vers, par le Rév. P. Charles Le Breton. *Paris, Muguet*, 1662, pet. in-4, n. rel.

508. Recueil de poësies de mademoiselle Desjardins. *Paris, Cl. Barbin*, 1662, in-12, v. br.

509. L'Ovide Travesty, ou les Métamorphoses burlesques (par L. Richer). *Paris, Est. Loyson*, 1662, pet. in-12, front. gravé, dem.-rel.

510. L'Art d'aimer d'Ovide, avec les Remèdes d'amour nouvell. traduits en vers burlesques. *Paris, Est. Loyson*, 1662, pet. in-12, v. br.

511. Les OEuvres de feu M. de Bouillon, contenans l'Histoire de Joconde, Portraits, Mascarades, Airs de cour et plusieurs autres pièces galantes. *Paris*, 1663, in-12, v. fauve, fil., tr. dor.

512. Les Sentimens d'honneur ou les Maximes du Sage, par J. François de Salle, sieur du Sous. *Paris, Cl. Barbin*, 1663, in-8, v. br.

513. Les Poesies Françoises dédiées à Madame Suzanne de Pons, Dame de la Gastevine, par H. Piccardt. *Paris*, 1663, in-12, frontisp. grav., vél.

514. Les Pseaumes de David, mis en vers françois, par le P. Charles Le Breton, et mis en airs nouveaux tous différens. *Paris, Muguet*, 1663, in-12, mus. grav., v. br.

515. Poesies diverses de M. F. (Floriot, avocat au parlement de Rouen). *Paris, Fr. Mauger*, 1661, pet. in-12, v. m.

516. Poésies diverses du sieur Furetière. 2e édit. *Paris*, 1661, pet. in-12, v. m.

517. Fables morales et nouvelles, par Furetière, abbé de Chalivoy. *Paris, Cl. Barbin*, 1671, in-12, v. br.

518. Le Voyage de Mercure, Satyre (par Furetière). *Paris, André Boutonné*, 1669. — Madrigaux de M. D. L. S. (De La Sablière). *Liége, L. Montfort*, 1687, pet. in-12, parch.

519. Quatrains anatomiques des os et des muscles du corps humain, ensemble un discours de la circulation du sang, par Cl. Bimet, maistre chirurgien de la ville de Lyon. *Lyon, Gaudet*, 1664, in-8, v. m., fil.

520. Poésies nouvelles et autres œuvres galantes de M. de C... (Cantenac). *Paris*, 1664, pet. in-12, front. gravé, vél.

521. Le Jugement de Pâris, travesty en vers burlesques, de M. d'Assoucy. *Paris, J. Cochart*, 1664, pet. in-12, vél.

522. L'Ovide en belle humeur, par le sieur d'Assoucy. *Paris*, 1664, curieux frontisp. grav.—Le Ravissement de Proserpine, poëme burlesque, par le même. 1664. — Le Jugement de Pâris, poëme burlesque, par le même. 1664, ens. 3 ouvr. en 1 vol. in-12, v. ol.

523. Seria et joci, ou Recueil de plusieurs pièces sur divers sujets (par J. Lemyere, sieur de Basly). *Caen, Cl. Le Blanc*, 1664, pet. in-12, v. fil.

524. L'Escole de Salerne, en suite le Poëme Macaronique en vers burlesques (trad. par Martin, médecin). *Paris*, 1664, in-12, port., d.-rel.

525. Proverbes en Rimes, ou rimes en proverbes, par Le Duc. *Paris*, 1664-65, 2 vol. in-12, cart.

526. La Muze historique ou Recueil des lettres en vers, par J. Loret, nouvelle édition publ. par MM. Ravenel et de La Pelouze. *Paris, P. Jannet*, 1857, in-8, pap. vergé, br.

Tom. 1er, le seul publié.

527. Recueil complet des Poésies de Saint-Pavin, comprenant toutes les pièces jusqu'à présent connues et un plus grand nombre de pièces inédites. *Paris, Techener*, 1861, in-8, pap. verg. br.

528. La Muse nouvelle, ou les agréables divertissemens du Parnasse, par T. de Lorme. *Lyon, Ben. Coral*, 1665, pet. in-12, v. éc. fil.

529. Œuvres galantes de M. Cotin, tant en vers qu'en prose. *Paris*, 1665, 2 vol. in-12.

Le 1er volume relié en v. fauve, le 2e en dem.-reliure.

530. Œuvres meslées de M. Cotin, contenant enigmes, odes, sonnets et épigrammes. *Paris*, 1659, in-12, v. fauve. —Poésies chrestiennes de l'abbé Cotin. *Paris*, 1668, in-12, v. f.

531. Nouvelles Poésies ou diverses pièces choisies tant en vers qu'en prose, par mademoiselle Certain. *Paris, Est Loyson*, 1665, In-12, vél.

532. Jonas, ou Ninive Pénitente, poëme sacré, par de Coras. *Paris*, 1665, in-12, frontisp. gravé par Chauveau, dem.-rel.

Exemplaire Viollet-Le-Duc.

533. Jean de Coras : Jonas, ou Ninive Pénitente, poëme sacré. *Paris*, 1665. — David, ou la Vertu couronnée, poëme, 1665. —Josué, ou la Conqueste de Canaan, poëme, 1665.— Samson, poëme, 1665, in-12, v. fauve, dos orné, fil., tr. dor. (*Capé*).

534. Commentaire en vers sur les Aphorismes d'Hypocrate par le Sr Cabotin, advocat en Parlement. *Paris*, 1665, in-12, v. fauve.

535. Description de la ville d'Amsterdam en vers burlesques (par P. de Jolle). *Amsterdam, Jacq. Le Curieux, Dan. Elzevier*), 1666, pet. in-12, front. gravé, vél.

536. Les Œuvres de M. de Montreüil. *Paris, Guill. de Luyne*, 1666, in-12, v.

537. Poésies de Bonnecorse. *Leide, Th. Haak*, 1720, in-8, br., *non rogné.*

538. Emanuel, ou Paraphrase Evangelique, poëme chrestien, par Philippes Le Noir. *Nyort, Philippes Bureau*, 1666, in-8, cart.

539. Charlemagne, poëme par Louys Le Laboureur, bailly du duché de Montmorency. *Paris*, 1666, in-12, front. grav. d.-rel.

540. Charlemagne, ou le Rétablissement de l'Empire Romain, poëme héroïque (par N. Courtin). *Paris, Th. Jolly*, 1666, in-12, v. br.

541. Poésies de Madame de La Suze. *Paris, de Sercy*, 1666, in-12, n. rel.

Exemplaire réglé.

542. L'Illustre Souffrant, ou Job, poëme, par H. Le Cordier. *Paris, J. Cochart*, 1667, in-12, v. br.

543. Diverses petites Poésies du chevalier d'Aceilly. *Paris, André Cramoisy*, 1667, in-12, bas.

Édition originale. Rare.

544. Les Amours de Vénus et d'Adonis, poëme. *Paris, G. Quinet*, 1667, in-12, v. br.

545. La Muse Dauphine, par le Sr de Subligny. *Paris, Cl. Barbin*, 1667, in-12, v. br.

546. Les Nouvelles Fleurs du Parnasse (par A. Noël). *Lyon, Dan. Gayet*, 1667, pet. in-12, v. antiq. (*Bibolet.*)

547. Les Œuvres de Bensserade. *Paris*, 2 vol. in-12, frontisp. grav. d.-rel.

548. Métamorphoses d'Ovide en rondeaux, par M. de Benserade, imprimez par ordre de Sa Majesté, et dediez à Mgr le Dauphin. *Paris, de l'Imprimerie Royale*, 1694, in-12, dem.-rel.

549. Lettres et Poësies de madame la comtesse de Brégy. *Leyde, J. Sambix*, 1668, in-12, v. br.

550. Les Divertissemens d'amour et autres poësies burlesques et sérieuses, par le S[r] Du Four, médecin. *Paris*, 1667, pet. in-12, dem.-rel.

551. Commentaire en vers françois sur l'Ecole de Salerne, par D. F. C. (Du Four de la Crépelière, médecin). *Paris, Gilles Alliot*, 1671, in-12, v. m.

552. Les Charmes de l'amour et de la belle galanterie, en prose et en vers (par Dufour, médecin). *Paris, J. B. Loyson*, 1674, pet. in-12, v. f., fil., dent. à fr.

553. La Hierusalem délivrée, poëme héroïque de Torquato Tasso, trad. en vers françois, par M. Le Clerc. *Paris, Cl. Barbin*, 1667, in-4, fig. de Chauveau, dem.-rel., mar. viol.

554. Eglogues, Printemps et autres poësies, dédiées à madame la comtesse de S.-Geran, par le sieur de La Bucaille de la Groudière. *Paris*, 1668, in-12, v.

Raccommodages.

555. Guerre comique (en vers), dédiée à madame de Lyonne. *Paris*, 1668, in-12, dem.-rel.

Imitation en vers burlesques de la Batrachomyomachie.

556. Le triomphe de la Croix, par Catherine Levesque de Peronne. *Paris*, 1668, in-8, v. br.

557. La Madelaine au désert de la Sainte-Baume en Provence, par le P. Pierre de S.-Louis. *Lyon*, 1700, in-12, dem.-rel.

558. Maximes politiques, mises en vers par M. l'abbé Esprit. *Paris, D. Thierry*, 1669, in-12, v. br.

559. 'La Poësie sacrée, œuvre de très-utile et agréable méditation, en mélanges poétiques, composés en vers latins et françois, en élégies, épigrammes et sonnets... Des grands jours tenus à Clermont en Auvergne, etc., le tout composé par Guillaume Chevalier, médecin. *Paris*, 1669, in-12, v. br.

Volume rare et curieux.

560. Contes et Nouvelles en vers, par M. de La Fontaine, enrichis de tailles-douces, dessinées par Romain de Hooge. *Amsterdam*, 1685, 2 tom. en 1 vol. pet. in-8, fig. à mi-page, dem.-rel.

Quelques raccommodages.

561. Satires du sieur D*** (Despréaux). *Paris*, 1669, in-12, frontisp. grav., dem.-rel., tr. dor.

A la suite se trouve l'édition originale de l'*Epistre au Roy*, 1672.

562. Œuvres diverses du Sr Boileau Despréaux. *Paris, D. Thierry* 1701, in-4, fig., dem.-rel., mar. r.

Dernière édition publiée par Boileau.

563. Les deux Arts poëtiques d'Horace et de Boileau Despréaux, collationnés sur les meilleures éditions de ces deux poëmes. — Q. Horatii et N. Boileau-Despréaux ambæ Artes poeticæ. *Gesocribatis, Brest, Michel*, 1819, gr. in-4, dans un carton.

Exemplaire unique tiré sur SOIE JAUNE.

564. L'Amy sans fard qui console les affligez, en vers burlesques, par Jacques Jacques, chanoine d'Ambrun. *Lyon, A. Besson, s. d.* (*vers* 1670), pet. in-12, bas.

565. Onguent à la brûlure (par Barbier d'Aucour), et plusieurs autres pièces contenues en ce livre. *S. l.*, 1670, in-12, v. br.

566. Œuvres diverses, lettres en vers et en prose, le Bail d'un cœur, divers sonnets, etc., par le sieur D. H... (De Hesnault). *Paris, Cl. Barbin*, 1670, in-12, v. br.

567. Catéchisme en vers, dédié à Mgr le Dauphin, par d'Heauville, abbé de Chantemerle. *Paris, F. Léonard*, 1669, pet. in-12, dem.-r.

568. Les Œuvres spirituelles, en vers françois, de M. l'abbé d'Heauville. *Paris*, 1684, in-12, v. m.

569. Amitiez, Amours et Amourettes, par Le Pays. *Paris, de Sercy*, 1685, in-12, front. grav., d.-rel. mar., tr. dor.

570. Les Nouvelles œuvres de M. Le Pays. *Amst.*, 1699, 2 part. en 1 vol. in-12, frontisp. grav., vél.

571. Paraphrase sur le livre de l'Ecclésiaste en vers françois, par Dom Gatien de Morillon. *Paris, L. Billaine*, 1670. In-12, v. br.

572. Paraphrase sur le livre de Tobie en vers françois, par Dom Gatien de Morillon. *Orléans, F. Hotot*, 1674, in-12, v. br.

573. Joseph, ou l'Esclave fidèle, poëme (par dom Morillon). *Turin* (*Tours*), 1679, in-12, d., rel., tr. dor.

574. Poésies héroïques du sieur de Pinchesne. *Paris, André Cramoisy*, 1670, in-4, front. gravé, v. br.

575. Esther, poëme héroïque composé et dédié au Roy par le sieur de Boisval. *Paris, P. Le Petit*, 1670, in-4, vél.

576. La Hierusalem délivrée du Tasse, en vers françois (par Vincent Sablon, de Chartres). *Paris, D. Thierry*, 1771, 2 vol. in-16, fig. de Séb. Le Clerc, v. br.

577. Poésies spirituelles par F. M. (François Malaval). *Paris, Est. Michallet*, 1671, in-12, v. br.

578. OEuvres diverses, lettre de l'autre monde, response, lettres galantes, responses, recüeil de poësies, le mariage de l'Amour désintéressé avec l'Amitié généreuse, par M. L. C. D. *Grenoble, R. Philippes*, 1671, 2 part. en 1 vol. pet. in-12, v. fauve.

Volume rare ; une piqûre dans le texte. — Exemplaire de Viollet-Le-Duc.

579. Recueil de pièces en prose et en vers, par Moisant de Brieux. *Caen, J. Cavelier*, 1671, pet. in-12, dem.-rel.

Exemplaire de Viollet-Le-Duc. Rare.

580. La Morale de Salomon, ou l'Ecclésiaste en vers, par Bault, chanoine de Nevers. *Paris, Est. Loyson*, 1671, in-12, parch.

581. Emblesmes royales, à Louis-le-Grand, par le Sr Martinet, aide des cérémonies de France. *Paris, Cl. Barbin*, 1673, in-12, fig., v. br.

582. Poésies galantes, amoureuses et coquettes. *Paris, J.-B. Loyson*, 1673, in-12, d.-rel.

583. Les OEuvres en vers et en prose de M. de Marigny. *Paris, Ch. de Sercy*, 1674, in-12, front. gr., v. br.

584. Le Siége de Maestrick par le roy, par le sieur De La Chèze, doyen du chapitre de Sillé. *Paris*, 1674, br. in-4.

585. La Morale de la nature (en vers), par M. Vignier. *Paris, de Sercy*, 1676, in-12, v. br.

586. L'Esope du temps, fables nouvelles, par. L. S. Desmay. *Paris*, 1677, 2 tom. en un vol. in-12, fig. à mi-page, v. br.

587. Contes nouveaux en vers (par de Saint-Glas). *Paris, P. Trabouillet*, 1677, in-12, v. br.

588. Les odes, satyres, epistres et tendres élégies d'Horace en vers françois. *Paris, J. Langlois*, 1677, pet. in-12, v. f., fil.

589. Préceptes galans, poëme par Ferrier. *Paris, Cl. Barbin*, 1678, in-12, n. rel.

590. Abrégé de l'histoire de France en vers, par le Sr de Berigny. *Paris, Est. Loyson*, 1679, p. in-8, portr., v. f., fil., tr. dor. (*Niédrée.*)

591. Charle Martel, ou les Sarrazins chassez de France, poëme héroïque, par Carel de Sainte-Garde. *Paris*, 1679, 2 part. en un vol. in-12, v. f., fil.

592. Madrigaux de M. D. L. S. (de La Sablière). *Paris, Barbin*, 1680, in-12, d.-rel.

Édition originale.

593. Recueil des poésies, par Mad. de Lauvergne, dédié à la marquise de Neuville. *Paris*, 1680, in-12, mar. r., fil., dent. int., tr. dor. (*Capé.*)

Voir Catal. Bancel,

594. Poésies et pensées chrétiennes, par l'abbé Goussault. *Paris, Gabr. Quinet*, 1681, in-12, v. br.

595. Le Chasteau de Richelieu, ou l'Histoire des dieux et des héros de l'antiquité, par M. Vignier. *Saumur*, 1680, in-8, v. br.

596. Recueil de sonnets, composés par les plus habiles poëtes du royaume sur les bouts-rimez, Pan, Guenuche, etc., proposez par M. Mignon. *Paris, G. Quinet*, 1683, in-12, v. br.

597. Manifeste ou Préconisation en vers burlesques d'un livre intitulé : Réflexions sur les véritez évangéliques, contre la traduction et les traducteurs de Mons. *A Riorti*, 1683, pet. in-8, vél.

598. Momus et le Nouvelliste, ouvrage mêlé d'histoires, de fables, de bons mots, réduit par lettres en madrigaux, sonnets, stances, rondeaux, odes et en tout autre genre de poésie. *Paris*, 1685, in-12, mar. r., fil., tr. dor.

Exemplaire aux armes de Monsieur, frère de Louis XIV, auquel il est dédié. Ce sont des lettres en vers sur les affaires du temps, dans le genre de la *Gazette de Loret*. L'auteur est Ch. Robinet, auteur d'une continuation de la Muse de Loret.

599. Discours satyriques et moraux, ou Satyres générales (par L. Petit). *Rouen, Rich. Lallemant,* 1686. — Fables nouvelles en vers (par Daubaine). *Paris, C. Blageart,* 1685, in 12, v. rac.

600. Le Nouveau Juvenal Satirique pour la réformation des mœurs et des abus de notre siècle, dédié au duc d'Orléans, regent de la Monarchie françoise. *Utrecht,* 1716, in-12, d.-rel.

Un sieur Ant. Ch. qui a signé la dédicace au duc d'Orléans, donne cet ouvrage comme étant de lui ; cependant, le volume ne contient que les satires qui composent le n° placé ci-dessus, et dont l'auteur est Louis Petit, né à Rouen, où il est mort en 1693, âgé de 78 ans. C'était, dit Viollet-Le-Duc, un ami de Corneille.

601. Instruction de la fille de Calvin démasquée, à MM. de la Religion Réformée, avec des lettres en prose et en vers libres pour seconder les pieux desseins de notre invincible monarque, dédié à S. A. Madame de Guyse, par le Sr de Rostagny, docteur en médecine. *Paris, Cl. Barbin,* 1685, in-8, avec une figure, v. antiq., fil.

Exemplaire de Viollet-Le-Duc.

602. Le Nouveau Panthéon, ou le Rapport des divinitez du paganisme, des héros de l'antiquité et des princes surnommez grands aux vertus et actions de Louis-le-Grand, par de Vertron. *Paris,* 1686, in-12, front. gravé, vél.

603. Parallèle poëtique de Louis Le Grand, par De Vertron. *Havre, Jacq. Gruchet,* 1686, in-12, v. br.

604. Idylles (par Longepierre). *Paris,* 1686, in-8, v. br.

605. Saint Paulin, Evesque de Nole, avec une epistre chrestienne sur la Pénitence, et une ode aux nouveaux convertis, par M. Perrault, de l'Académie françoise. *Paris,* 1686, in-8, d.-rel.

606. Poésies chrétiennes, Charlemagne pénitent, les IV fins de l'homme, etc..., par M. Courtin. *Paris, Ch. de Sercy,* 1687, in-12, v. br.

607. Billets en vers, de M. de Saint-Ussans. *Paris,* 1688, in-12, v. br.

608. Eloges des personnes illustres de l'Ancien Testament (par Doujat). *Paris, Gabriel Martin,* 1688, in-8, fig., v. br. (*Raccommodages*).

609. Epigrammes et autres pièces de M. de Senecé, avec un traité sur la Composition de l'épigramme. *Paris,* 1776, in-12, d.-rel.

610. Satires ou Réflexions sur les erreurs des hommes et les nouvellistes du temps (par P. Du Camp, S[r] D'Orgas). *Paris, G. Quinet*, 1690, in-12, v. br.

611. L'Allée de la Seringue (et autres poésies, par Lenoble). *Francheville*, 1691, in-12, dem.-rel.

612. Traduction des Epistres d'Ovide en vers françois (par l'abbé Barin). *Rouen, Rob. de Rost*, 1692, in-12, dem.-rel.

613. Recueil de diverses pièces de poësie sur les principaux événemens des dernières campagnes du prince d'Orange. *Bourg, Joseph Ravoux*, 1693, in-12, n. rel.

614. Véritez sur les Mœurs (en vers, par P. Teissier). *Paris*, 1694, in-12, mar. rouge., fil. à compart., tr. dor. (*Anc. reliure.*)

615. Le Bombardement de Saint-Malo, ou Relation de ce qui s'y est passé jour par jour, poëme lyrique. *Saint-Malo, Raoul de la Mare*, 1694, in-12, v. br.

Pièce rare.

616. La Décade de Médecine, ou le Médecin des riches et des pauvres, mis en vers françois par M. Du Four. *Paris, L. d'Houry*, 1694, in-12, dem.-rel.

607. Poésies galantes de Mme de Sainctonge. *Paris*, 1696, in-12, bas,

618. Le Poëte sans fard, contenant satires, épitres et épigrammes (par Gacon). *A Libreville*, 1698, in-12, dem.-rel.

619. Poésies diverses par M. Baraton. (Contes). *Paris*, 1704, in-12, dem.-rel.

620. Recueil de pièces choisies, tant en prose qu'en vers (publ. par La Monnoye. *La Haye*, 1714, 2 vol. in-12, dem.-rel.

621. La Ligue, ou Henry le Grand, poëme épique, par Voltaire. *Genève, J. Mokpap* (*Rouen, Viret*), 1723, in-8, mar. vert, fil., tr. dor. (*Duru.*)

Édition originale de la *Henriade*. Exemplaire remarquable auquel on a joint : 1° Une lettre autographe de Voltaire à l'avocat Dumolard, du 2 février 1761 ; 2° une lettre autographe signée de Henry IV, de 2 p. in-fol. et adressée à Catherine de Médicis (juillet 1585) ; 3° enfin une série de 14 portraits des principaux personnages qui figurent dans le poëme.

POÉSIE DRAMATIQUE

623. Ancien Théâtre François, ou Collection des ouvrages dramatiques les plus remarquables depuis les Mystères jusqu'à Corneille, publié par Viollet-Le-Duc. *Paris, Jannet*, 1854-56, 9 vol. in-16, br. et cart.

624. Mystères inédits du quinzième siècle, publ. pour la première fois par Ach. Jubinal. *Paris, Techener*, 1837, 2 tom. en un vol. in-8, fig., dem.-rel.

625. Le premier (et second) volume du triumphant Mystère des Actes des Apostres, (par Arnoul et Simon Gréban frères). *S. l. n. d.*, (*Paris, vers* 1537), 2 tom. en un vol. in-fol., gothique à 2 colonnes, fig. s. bois, mar. bleu, fil., doublé de mar. rouge, dent. intér., tr. dor. (*Ancienne reliure.*)

Très-beau et précieux volume, avec l'ex-libris d'*Adrien de Valois*. L'exemplaire est bien conservé; le dernier feuillet seulement est un peu raccommodé. — La reliure, qui est de la fin du XVIIe siècle, est très-bien exécutée.

626. Miracle de Nostre Dame, de Robert le Dyable, publ. pour la première fois par la Société des Antiquaires de Normandie. *Rouen*, 1836, in-8, br.

627. Nativité de nostre Seigneur Jhesuchrist par personnages, avec la digne accouchée (en vers). *Paris, Silvestre*, 1839, in-16, gothique, br.

628. Miracles de Nostre Dame de Berthe, femme du roy Pepin, qui luy fu changee et puis la retrouva et est à xxxii personnaiges. *Paris, Silvestre*, 1839, in-16, gothique, br.

629. Moralité tres excellente à l'honneur de la glorieuse assumption Nostre Dame à dix personnages. *Paris, Silvestre*, 1839, in-16, goth., br.

630. La Tragédie d'Euripide nommée Hecuba, traduicte de grec en rhytme françoise, dédiée au Roy. *Paris, Rob. Estienne*, 1544, in-8, mar. rouge, fil., tr. dor. (*Capé*).

« Ce rare et beau volume est le seul qui renferme les diverses poésies de Lazare de Baïf. — Superbe exemplaire avec témoins. »

631. L'Olimpe de Iaques Grevin de Cler-mont en Beauvaisis, ensemble les autres œuvres poëtiques dudict auteur, à Gerard L'Escuyer, prothenothaire de Boulin. *Paris, Rob. Estienne*, 1560. — Le Théâtre de Iaques Grevin, ensemble la seconde partie de l'Olimpe et de la Gelodacrye. *Paris, Vinc. Sertenas et Guill. Barbé*, 1561, 2 tom. en 1 vol. in-8, mar. r., dent., tr. dor. (*Bozérian.*)

Cet exemplaire a appartenu à un des plus illustres poëtes du XVIe siècle, contemporain et ami de Grevin, à AMADYS JAMYN dont la signature autographe se trouve au verso du dernier feuillet. — Grevin est un des poëtes du XVIe siècle qu'on rencontre le moins souvent. Il est surtout difficile de réunir les deux volumes (*L'Olimpe et le Théâtre.*)

632. Jephté ou le Vœu, tragédie traduite du latin de George Buchanan Escossois, par Florent Chrestien. — David combattant, David triomphant, David fugitif, tragédies sainctes, par Loys Des Masures Tournisien. *Paris, Mamert Patisson,* 1587, in-12, mar. citr., fil., tr. dor.

Exemplaire de Soleinne. Grand de marges.

633. Les Tragédies de Robert Garnier. *Lyon, J. Pillehotte,* 1597, in-12, dem.-rel.

634. Les Tragédies de Robert Garnier. *Rouen, Raph. du Petit Val,* 1616, in-12, v.

635. Diverses Tragédies sainctes, de plusieurs autheurs de ce temps, recueillies par Raphael du Petit Val. *Rouen,* 1606, in-12, dem.-rel.

Exemplaire de Soleinne. Voici les noms des pièces, avec pagination et titres séparés, contenues dans ce recueil fort rare: *Sichem ravisseur;* — *Esaü, ou le Chasseur* (par J. de Behourt), *nouvellement représentée au collége des Bons-Enfans de Rouen;* — *Saul le Furieux. Rouen,* 1601; — *la Famine* (par J. de La Taille). *Rouen,* 1602; — *le Combat de Fortune et de Pauvreté. Rouen,* 1601; — *la Machabée,* par Jean de Virey, sieur du Gravier. *Rouen,* 1603; — *Thobie,* par Jacques Ouyn, Loverien. *Rouen,* 1606; — *Joseph le Chaste, comédie,* par le sieur du Mont-Sacré (Nicolas de Montreux, gentilhomme du Maine). *Rouen,* 1601.

636. La Rodomontade, Mort de Roger, tragédies et amours de Catherine (par de Méliglosse, Parisien). *Paris, Clovis Eve, relieur ordinaire du Roy,* 1605, in-8, frontisp. gravé, par L. Gaultier, mar. rouge, dent., fil. à comp., tr. dor. (*Bisiaux.*)

Bel exemplaire de M. de Soleinne.

637. Les Comédies facécieuses de Pierre de l'Arivey, Champenois. *Rouen, R. du Petit Val,* 1611, in-12, dem.-rel.

638. Les Tragédies et autres œuvres poëtiques de Jean Prevost, advocat en la Basse-Marche. *Poictiers, J. Thoreau,* 1614, in-12, dérelié.

639. Les Tragédies d'Anthoine de Montchrestien, Sr de Vasteville. *Rouen, P. De La Motte,* 1627, in-8, v. fauv., fil.

640. Le Théâtre d'Alexandre Hardi, Parisien. *Francfort, Herman et Kof Wormen frères, nouvellement associez,* 1625, pet. in-12, dem.-rel., tr. dor.

C'est le premier volume et le seul qui ait été imprimé de ce format.

641. Le Théâtre d'Alexandre Hardy. *Paris*, 1626-32, 5 vol. in-8, rel. et cart.

642. Les chastes et loyales Amours de Théagène et Cariclée, réduictes du grec de l'histoire d'Héliodore en huit poëmes dramatiques, par Alex. Hardy. *Paris*, 1628, in-8, v. fauv.

Ce volume et les 5 du numéro précédent forment le théâtre complet de Hardy. Les deux numéros seront vendus ensemble.

643. Le Pasteur Fidelle, tragi-comédie pastoralle, de Jehan Baptiste Guarini, trad. en vers françois par noble Antoine de Giraud Lyonnois. *Paris, Cl. Cramoisy*, 1623, in-12, joli front. gravé, vél.

644. Agimée, ou l'Amour extravagant, tragi-comédie (par Simon Bazin, Dominicain). *Paris, Jean Martin*, 1629, in-8, vél.

Titre doublé.

645. Les Travaux d'Ulysse, tragé-comédie tirée d'Homère et dédiée à Mgr le Duc de Nemours, par I. G. Durval. *Paris, P. Ménard* (1631), in-8, vél.

646. La Généreuse Allemande, ou le Triomphe d'Amour, tragi-comédie par le S$_r$ Mareschal. *Paris, P. Rocolet*, 1631, in-8, front. gravé, parch.

647. Les Adventures de Policandre et de Basolie, tragédie, par le sieur Du Vieuget. *Paris*, 1632. — Diversitez poétiques par le sieur Du Vieuget. *Paris*, 1632, in-8, dem.-rel.

Mouillé.

648. (Théâtre de Rotrou.) Recueil de 18 pièces, la plupart en éditions originales, en 3 vol. in-4, mar. vert, fil., tr. dor. (*Anc. rel.*)

Ce recueil contient les pièces suivantes : *Le Philandre ; Amarillis ; les Captifs ; les Sosies ; la Belle Alphrède ; Célie ; Venceslas ; Bélisaire ; la Celiane ; la Célimène, etc...* Quelques pièces sont imparfaites des titres.

649. Ligdamon et Lidias, ou la Ressemblance, tragi-comédie, par de Scudéry. *Paris, Targa*, 1631, in-8, frontisp. grav., d.-rel.

« Cette tragi-comédie et les poésies qui suivent sont le début littéraire de Scudéry. » E. T. — Le frontisp. est doublé.

650. Théâtre de Scudéry. Recueil de 5 pièces en 1 vol. in-4, frontisp. grav., dem.-rel.

Ibrahim ou l'Illustre Bassa, 1645 ; — *Perside*, 1644 ; — *Eudoxe*, 1641 ; — *l'Amant libéral*, 1638.

651. Alinde, tragédie de M. de La Mesnardière. *Paris*, 1643, in-4, vél.

652. Artaxerce, tragédie (par Magnon), représentée par l'Illustre Théâtre. *Paris, Cardin Besogne*, 1645, in-4, dem.-rel., v. fauve.

« Tragédie rare et curieuse par l'indication au titre de la troupe qui l'a jouée. — L'*Illustre Théâtre*, c'est la troupe où jouait Molière dans sa jeunesse aventureuse. Voltaire mentionne ce fait et nomme la pièce d'*Artaxerce*, dans sa *Vie de Molière*. » E. T. — Cette pièce et les 4 suivantes, également de Magnon, proviennent de la bibl. de M. A. Bertin.

653. Josaphat, tragi-comédie de M. Magnon. *Paris, T. Quinet*, 1647. — Le Grand Tamerlan et Bajazet, tragédie. *Paris, T. Quinet*, 1648. — Le Mariage d'Oroondate et de Statira, ou la Conclusion de Cassandre, tragi-comédie. *Paris, T. Quinet*, 1649, v. — Jeanne de Naples, tragédie (en vers). *Paris, L. Chamhoudry*, 1656. — Ensemble 4 vol. in-4, dem.-rel., v. fauve.

654. Théâtre de Montauban. 1653-54, 5 pièces en 1 vol. pet. in-12. v. marbr.

Zénobie, reine d'Arménie, tragédie. *Paris*, 1653. — Les Charmes de Félicie. *Paris*, 1654. — Séleucus, tragi.-comédie héroyque. *Paris*, 1654. Le Comte de Hollande, tragi-comédie. *Paris*, 1654. — Indegonde, tragédie. *Paris*, 1654.

655. Théâtre de Dorimond. 6 pièces pet. in-12, vél.

La Femme industrieuse, comédie par M. Dorimond. *Paris, G. Quinet*, 1661. — L Escole des Cocus ou la Précaution inutile, comédie. *Paris*, 1661. — L'Amant de sa femme, comédie. *Paris*, 1661. — L'Inconstance punie, comédie. *Paris*, 1661. — La Comédie de la Comédie et les Amours de Trapolin. *Paris*, 1662. — Estorius, tragédie. *Paris*, 1659.

656. Théâtre. Recueil de pièces, par de Villiers. *Paris*, 1660-1665, 2 vol. in-12, v. f.

Recueil factice de pièces rares composé comme il suit : — 1er vol. : *l'Apoticaire dévalisé, comédie burlesque*, 1660. — *Le Festin de Pierre, ou le Fils criminel, trad. de l'Italien en François*, 1660. — *Les Ramonneurs*, 1662. — 2e vol. *Responce à l'Impromptu de Versailles, ou la Vengeance des marquis.* — *Les Costeaux, ou les Marquis frians*, 1665.

657. Le Cercle des Femmes sçavantes, par M. D. L. F. (de La Forge). *Paris*, 1663, in-12, v. m.

Pièce rare. Exemplaire de Favart. Piqûres.

658. La Rapinière ou l'Intéressé, comédie, par M. de Barquebois, avec les vers retranchez. *Se vend à Paris, à la porte de la Comédie*, 1683, in-12, dem.-rel.

659. Athalie, tragédie tirée de l'Ecriture Sainte (par Racine). *Paris, D. Thierry*, 1691, in-4, dem.-rel.

Édition originale.

660. Œuvres de Pradon. *Paris*, 1744, 2 vol. in-12, dem.-rel.

ORDRE DES VACATIONS

1re Vacation, Mercredi 22 janvier 1868.
Nos 496 à 621.
632 à 660.
623 à 631.

2e Vacation, Jeudi 23.
Nos 414 à 495.
166 à 249.

3e Vacation, Vendredi 24.
Nos 332 à 413.
1 à 82.

4e Vacation, Samedi 25.
Nos 250 à 331.
83 à 165. (moins 100 et 147).
147.
100.

CONDITIONS DE LA VENTE

Il y aura, chaque jour de vente, exposition de 2 à 4 heures, des livres qui seront vendus le soir.

Les livres vendus devront être collationnés sur place, dans les vingt-quatre heures de l'adjudication. Passé ce délai, ou une fois sortis de la salle de vente, ils ne seront repris pour aucune cause.

Les acquéreurs payeront, en sus du prix d'adjudication, 5 centimes par franc, applicables aux frais.

Paris. — Imprimé chez Jules Bonaventure, 55, quai des Grands-Augustins

www.ingramcontent.com/pod-product-compliance
Ingram Content Group UK Ltd.
Pitfield, Milton Keynes, MK11 3LW, UK
UKHW021623260726
13994UKWH00003B/1033

9 782329 534190